전라남도
지방공공기관

직원 통합 채용시험

제 1 회	영 역	일반상식
	문항수	40문항
	시 간	40분
	비 고	객관식 4지선다형

SEOWONGAK
(주)서원각

1 중국 후베이성 우한시에서 발생하여 '우한 폐렴'이라고 불리는 이 질병은 감염 시 고열을 동반한 기침, 폐렴 등의 호흡기 증상이 나타나고 심하면 사망에까지 이르게 된다. 2020년 1월 29일 기준 우리나라에서도 4명의 확진환자가 발생하였고 미국, 프랑스, 호주 등 전 세계로 확산되고 있는 이 질병의 원인병원체는?

① 사스바이러스

② 신종 코로나바이러스

③ 메르스바이러스

④ 에볼라바이러스

2 장비·먹거리·연료 등을 모두 챙기는 캠핑의 번거로움에 착안해 비용이 더 들더라도 간편하게 캠핑을 즐길 수 있도록 한 귀족적 야영을 뜻하는 말은?

① 비부악   ② 오토캠프

③ 글램핑   ④ 반더포겔

3 정규 시즌이 끝난 겨울철 야구 팬들이 난로 주변에 둘러앉아 선수들의 연봉 협상이나 트레이드, 다음 시즌에 대한 예측 등에 관해 언쟁을 벌이는 데서 유래된 말로, 최근 한 드라마 제목으로 사용돼 주목되기도 한 이 용어는?

① 스토브리그   ② 윈터리그

③ 마이너리그   ④ 메이저리그

4 다음 중 캐빈 시스트롬과 마이크 크리거가 개발해 2010년 10월 발표한 온라인 사진공유 소셜네트워킹서비스(SNS)는?

① 페이스북   ② 텀블러

③ 링크드인   ④ 인스타그램

5 미세먼지가 국가적 문제로 떠오르면서 2018년 3월 우리나라의 미세먼지(PM$_{2.5}$) 환경기준이 미국, 일본 등과 같은 수준으로 강화되었다. 개정된 미세먼지(PM$_{2.5}$) 예보등급에 따를 때 '보통'에 해당하는 경우($\mu g/㎡$, 1일)는?

① $11 \sim 30 \mu g/㎡$

② $16 \sim 35 \mu g/㎡$

③ $16 \sim 40 \mu g/㎡$

④ $21 \sim 45 \mu g/㎡$

6 신석기에 대한 설명으로 옳지 않은 것은?

① 빗살무늬토기는 신석기의 대표적 유물로 곡식을 담는 데 사용하였다.

② 가락바퀴, 뼈바늘을 이용해 의복을 만들었다.

③ 공동생활, 공동분배의 재산공유제 사회였다.

④ 주먹도끼, 찌르개 등을 이용하여 동물을 잡았다.

7 최근 필리핀의 수도 마닐라에서 남쪽으로 약 65km 떨어진 호수 가운데에 위치한 화산이 갑자기 폭발하면서 에서 화산이 폭발하면서 주민과 관광객 등 약 8천여 명이 대피하고 마닐라 국제 공항의 항공기 운항이 전면 중단되었다. 1911년과 1965년에도 폭발로 수많은 사상자를 낸 바 있는 이 화산은?

① 시나붕 화산

② 보로슬로프 화산

③ 에트나 화산

④ 타알 화산

8 조종사 없이 무선전파의 유도에 의해서 비행 및 조종이 가능한 비행기나 헬리콥터 모양의 군사용 무인항공기의 총칭하는 것이다. 카메라, 센서, 통신시스템 등이 탑재돼 있으며 25g부터 1,200kg까지 무게와 크기도 다양하다. 군사용도로 처음 생겨났지만 최근엔 고공 촬영과 배달 등으로 확대됐다. 또한 농작물에 농약을 살포하거나, 공기질을 측정하는 등 다방면에 활용되고 있다. 이것은 무엇인가?

① 비조
② 드론
③ THAAD
④ 틸트로터 항공기

9 다음 대화 속 甲과 같은 사람을 일컫는 용어는?

乙 : 甲아, 너 이번에 또 회사를 옮겼다면서?
甲 : 응, 3년쯤 다녔더니 더 이상 배울 게 없더라고.
乙 : 전에도 2년 정도 다니다가 옮기더니. 그래서 이번엔 어디로 옮긴 거야?
甲 : A글로벌Co. 글로벌 업무 경력도 쌓을 수 있고 연봉도 500만 원이나 많아.
乙 : 우와! 부럽다.

① 예티족
② 엠니스족
③ 잡호핑족
④ 월급루팡

10 다음 중 '규제비용총량제'에 대한 설명으로 옳지 않은 것은?

① 총 규제 건수를 기준으로 규제를 관리한다.
② 개정 법안에는 또 원칙허용예외금지, 즉 네거티브 규제 방식의 우선 적용 대상에 시장 진입이나 사업 활동 제한 규제를 명시해 실효성을 높였다.
③ 규제를 신설할 때 그 비용과 동일한 비용의 기존 규제를 폐지해야 한다.
④ 영국식 '코스트 인·코스트 아웃(Cost-in, Cost-out)' 모델을 벤치마킹 한 것이다.

11 다음 상황과 관련된 것은?

A, B, C, D, E는 한 달 전부터 1월 1일 해돋이를 보러 갈 계획을 세웠다. 그러나 1월 1일이 가까워 오자 추운 날씨와 심각한 교통체증에 시달릴 생각을 하니 모두가 가고 싶지 않아졌다. 하지만 A, B, C, D, E는 자신을 뺀 다른 사람들은 가고 싶어할 것이라는 생각에 12월 31일 밤 해돋이를 보러 가는 것에 찬성했고, 밀리는 차 안에서 아침을 맞이하며 다섯 명 모두 후회를 했다.

① 애빌린의 역설
② 구성의 오류
③ 절약의 역설
④ 제논의 역설

12 다음 현상을 표현한 경제학 용어로 가장 적절한 것은?

시중금리가 지나치게 낮은 수준으로 하락하면 가계는 가까운 장래에 이자율이 상승할 것으로 예상해 여유자금을 채권 대신 현금이나 단기 금융상품에 투자한다. 또 기업은 같은 상황에서 경기 하락을 염려해 설비 투자와 채용 계획을 미루게 된다. 이런 국면이 지속되면 중앙은행이 아무리 통화 공급을 늘려도 시중금리는 더 하락하지 않고, 소비와 투자 역시 기대만큼 늘지 않아 경기 부양이 이루어지지 않는다.

① 구축효과
② 유동성 함정
③ 트릴레마(trilemma)
④ 트리핀 딜레마

13 네이버가 자체 개발한 웹브라우저는?

① 웨일
② 크롬
③ IE
④ 사파리

14 잘못된 정보나 악성루머 등이 미디어, 인터넷 등을 통해 매우 빠르게 확산되는 현상을 일컫는 말은?

① 마이닝아웃
② 스티커쇼크
③ 인포데믹
④ 루머트리지

15 농업에 종사하는 젊은 농부들이 농사를 짓는 방법이나 재배과정, 자신만의 농사 노하우 등을 촬영해 인터넷 방송 사이트에 올리는 것을 지칭하는 용어는?

① 논튜브
② 농튜브
③ 밭튜브
④ 농스타그램

16 다음 상황과 관련 있는 것은?

> A : 가수 甲이 검색어 1위던데, 봤어?
> B : 응, SNS에 있던 남자친구 사진을 다 삭제했다더라고.
> A : 남자친구가 배우 乙이었지? 사진을 왜 삭제해? 헤어졌나?
> B : 소문에 의하면 甲이 후배 가수 丙하고 바람피우다 乙한테 차였다던데?
> A : 정말? 창피할만도 하겠다. 숨기고 싶었을텐데 검색어 1위라니. 그러게 사진은 왜 다 삭제해서...

① 라이 증후군
② 던바의 법칙
③ 스트라이샌드 효과
④ 바이토 테러

17 미국레코드예술과학아카데미(NARAS)가 주관하는 이 시상식은 미국 음악상 중 가장 큰 규모와 권위를 자랑하지만, 비영어권 아티스트에게 배타적이란 평가를 받아 왔다. 2020년 1월, 한국 가수 최초로 방탄소년단이 공연을 펼치게 될 이 시상식은?

① Grammy Awards
② Academy Awards
③ Tony Awards
④ Gotham Awards

18 다음 중 '텀 머니'의 의미로 옳은 것은?

① 미국에서 기업이나 단체가 지지 정당에 제공하는 후원금
② 고수익을 위해 장세의 변화에 따라 신속하게 움직이는 자금
③ 개인적인 친분이나 대출 따위의 방법을 통해 창업자가 직접 마련한 자금
④ 전문성이 결여된 개인 투자자의 자금

19 조선 후기 어떤 왕의 정책이다. 같은 왕의 정책으로만 묶인 것은?

> ㉠ 균역법을 실시하여 농민의 부담을 경감하고자 하였다.
> ㉡ 국왕이 스승의 입장에서 신하를 가르치는 초계문신제를 실시하였다.
> ㉢ 붕당의 기반인 서원을 대폭 정리 하였다.
> ㉣ 「속대전」을 편찬하여 법률을 재정리 하였다.
> ㉤ 국왕의 친위부대인 장용영을 설치하였다.

① ㉠, ㉡, ㉢
② ㉠, ㉢, ㉣
③ ㉡, ㉢, ㉣
④ ㉡, ㉣, ㉤

20 다음 상황과 관련된 용어는?

> 금요일 퇴근 후 백화점을 방문한 A씨는 고가의 화장품 브랜드 매장에 들어가 여러 색깔의 립스틱을 발라 본 후 집으로 돌아와 인터넷에서 가장 저렴하게 판매하는 사이트에서 마음에 든 색깔의 립스틱을 구매하였다.

① 그루밍족
② 쇼루밍족
③ 노무족
④ 루비족

21 경선대회 같은 정치 이벤트에서 승리한 대선후보의 지지율이 전에 비해 큰 폭으로 상승하는 효과를 무엇이라고 하는가?

① 넛지 효과
② 컨벤션 효과
③ 스티그마 효과
④ 피그말리온 효과

22 다음에 설명하고 있는 것은?

> 한 나라에서 사용하는 통화의 액면을 동일한 비율의 낮은 숫자로 변경하는 것으로, 보통 인플레이션 등으로 화폐의 가치가 하락하여 경제량을 화폐적으로 표현하는 숫자가 커지면서 계산 또는 지급상의 불편을 해소할 목적으로 실시된다.

① 디플레이션
② 디스인플레이션
③ 스태그플레이션
④ 리디노미네이션

23 기업합병에 성공한 기업이 주가가 떨어지거나 경영이 어려워지는 등의 후유증을 겪는 것을 의미하는 용어는 무엇인가?

① 승자의 저주
② 보이지 않는 손
③ 리카도효과
④ 블랙스완

24 우리나라의 증시 정규 거래시간은?

① 09:00~15:00
② 09:00~15:30
③ 09:00~16:00
④ 09:30~15:30

25 현대인의 고질병인 '손목터널증후군'과 일맥상통하는 질병으로 미국에서는 CEO들에게 많이 나타나 정식 직업병으로 인정되고 있는 이것은 무엇인가?

① 블랙베리증후군
② 핑거페인증후군
③ 아이폰증후군
④ 디지털증후군

26 처음에는 좋아하지 않거나 무관심했지만 그 대상에 대해 반복적으로 노출되면서 호감도가 증가하는 현상을 가리키는 말은?

① 에펠탑 효과
② 베르사유 효과
③ 노틀담 효과
④ 루브르 효과

27 의사결정을 하고 이를 실행하면서 발생하는 비용 중 회수할 수 없는 비용을 일컫는 용어는?

① 기회비용
② 명시적비용
③ 경제적비용
④ 매몰비용

28 지구 온난화가 환경에 영향을 준 사례로 옳지 않은 것은?

① 북반구에서는 작물 재배의 북한계선이 북상하고 있다.
② 대관령 일대의 고랭지 채소 재배 면적이 감소하고 있다.
③ 해수면 상승으로 해안 저지대의 침수 피해가 나타나고 있다.
④ 우리나라 근해에서는 한류성 어족의 어획량이 증가하고 있다.

29 우리나라 프로야구 구단의 마스코트가 잘못 연결된 것은?

① 기아 – 호랑이
② 삼성 – 곰
③ 롯데 – 갈매기
④ NC – 공룡

30 다음 고사에서 유래한 한자성어는?

> 삼고초려(三顧草廬)로 인해 유비와 제갈량의 사이가 날이 갈수록 친밀해지고 유비가 제갈량에게 전폭적인 신뢰를 쏟자 관우(關羽)와 장비(張飛)는 이를 불쾌하게 여겼다. 이에 유비는 그들을 불러 '나에게 공명(孔明)이 있다는 것은 물고기가 물을 가진 것과 같다. 다시는 불평하지 말도록 하여라.'라고 하였다.

① 近墨者黑
② 靑出於藍
③ 水魚之交
④ 臥薪嘗膽

31 상류층이 되고 싶거나 신분상승을 바라는 마음이 특정 상품의 구매로 이어지는 것으로, 고가의 상품을 사면서 해당 상품을 소비하는 상류 집단과 자신을 동일시하는 현상은?

① 파노플리 효과

② 베블렌 효과

③ 자이가르닉 효과

④ 마태 효과

32 다음에서 설명하고 있는 동물은?

- 힌두신화에서 지혜와 복을 상징하는 신인 가네샤는 인간의 몸에 이 동물의 머리를 가진 신이다.
- 미국 공화당의 상징은 이 동물이다.

① 낙타   ② 불곰

③ 코끼리   ④ 하마

33 첨단 기술의 발달과 사회 변화로 인해 산업 간의 경계가 모호해지는 현상을 일컫는 용어는?

① 빅레이어   ② 빅룩

③ 빅블러   ④ 이레이저

34 다음 중 밑줄 친 부분의 맞춤법 표기가 바른 것은?

① 벌레 한 마리 때문에 학생들이 <u>법썩</u>을 떨었다.

② <u>실낱같은</u> 희망을 버리지 않고 있다.

③ <u>오뚜기</u> 정신으로 위기를 헤쳐 나가야지.

④ <u>더우기</u> 몹시 무더운 초여름 날씨를 예상한다.

35 사람이 학습을 하듯이 컴퓨터도 입력된 데이터들을 학습하게 함으로써 새로운 지식을 얻어내고자 하는 기술이나 기법을 칭하는 용어는?

① 딥러닝   ② 머신러닝

③ 마이크로러닝   ④ 이러닝

36 파일을 삭제할 때 휴지통으로 가지 않고 바로 삭제되도록 하는 단축키는 무엇인가?

① Ctrl + Delete

② Ctrl + Alt + Delete

③ Alt + Delete

④ Shift + Delete

37 1919년 의열단을 조직하고 1938년에는 조선의용대를 창설하는 등 일제에 대한 무장투쟁을 전개하는 데 앞장선 독립운동가는?

① 나석주   ② 김원봉

③ 김구   ④ 여운형

38 백화점·슈퍼마켓 등 대형소매상이 독자적으로 개발한 브랜드 상품을 일컫는 용어는?

① PB   ② NB

③ PA   ④ CVS

39 미국의 금리 인상이 끼칠 영향으로 가장 옳지 않은 것은?

① 원달러 환율이 오른다.

② 국내 금리가 인상된다.

③ 국내 대출이 증가한다.

④ 국내 투자가 감소한다.

40 원작이 있는 영화가 아닌 것은?

① 설국열차(봉준호)

② 나를 찾아줘(데이빗 핀처)

③ 인페르노(론 하워드)

④ 택시운전사(장훈)

서 원 각
www.goseowon.com

전라남도 지방공공기관

직원 통합 채용시험

제 2 회	영 역	일반상식
	문항수	40문항
	시 간	40분
	비 고	객관식 4지선다형

SEOWONGAK
(주)서원각

문항수 : 40문항　　풀이시간 : 40분

1　2021년 무슨 띠의 해인가?

① 쥐　　　　　　② 소
③ 뱀　　　　　　④ 말

2　전시 또는 레저를 목적으로 동물을 사냥해 박제 등을 수집하고 기념하는 사람들을 일컫는 용어는?

① 크라운 헌터
② 트로피 헌터
③ 머니 헌터
④ 하비 헌터

3　다음 빈칸에 들어갈 용어로 적절한 것은?

> 정부는 현 중동정세를 고려해 우리 국민의 안전과 선박의 자유항행 보장을 위해 청해부대를 독자적 작전을 펼치는 방식으로 (　　　) 해협 일대에 파견하기로 결정했다고 밝혔다.

① 아라비아　　　　② 페르시아
③ 호르무즈　　　　④ 에리트레아

4　다음 빈칸에 들어갈 적절한 숫자는?

> 2019년 12월 국회 본회의를 통과한 선거법 개정안의 핵심 중 하나인 준연동형 비례대표제는 비례대표석 47석 중 30석에 연동률 (　　)%를 적용하는 것을 말한다. 준연동형 비례대표제가 도입되면서, 정계에서는 지역구 투표보다 정당투표에 상대적으로 강한 정의당의 의석 확대 가능성 큰 것으로 관측되고 있다.

① 20%
② 30%
③ 40%
④ 50%

5　고조선의 영역을 알려주는 유물은 무엇인가?

① 빗살무늬토기, 간석기
② 미송리식 토기, 반달돌칼
③ 세형동검, 거푸집
④ 비파형 동검, 고인돌

6　1987년 11월 29일 이라크 바그다드에서 출발해, 김포공항으로 오던 대한항공 여객기 858기가 미얀마 상공에서 실종됐다. 최근 미얀마 안다만 해저에서 실종된 KAL858기 추정 동체를 33년 만에 발견해 다시 이슈로 떠오른 칼기 폭파 사건의 범인으로 지목된 북파 공작원은?

① 김현미　　　　　② 김현희
③ 김현지　　　　　④ 김연희

7　다음 사례를 표현하는 용어는?

> • 프랑스 화가 앵그르의 '리비에르양의 초상'을 우유팩 겉면에 삽입하여 고급화에 성공하였다.
> • 진통제 포장 상자 겉면에 클림트의 '아델레 브로흐 바우어의 초상'을 사용하여 명화와의 만남을 시도했다.

① 데카르트 마케팅
② 프로이트 마케팅
③ 사르트르 마케팅
④ 스피노자 마케팅

8　'심신증후군'의 의미로 가장 옳은 것은?

① 몸과 마음이 모두 지쳐버린 상태
② 육체적 피로로 인해 정신적 이상이 발생하는 것
③ 심장 이상에 의해 이차적으로 신장에도 이상이 발생하는 것
④ 정신적 스트레스로 인해 신체에 질병이 발생하는 것

9 다음 중 유네스코 인류무형문화유산으로 등재되지 않은 것은?

① 강강술래　　　　　② 아리랑
③ 줄타기　　　　　　④ 윷놀이

10 미국 IT업계를 선도하는 FANG에 해당하는 기업이 아닌 것은?

① 아마존　　　　　　② 구글
③ 넷플릭스　　　　　④ 애플

11 공자(孔子)가 열다섯 살 때 학문에 뜻을 두었다고 한 데서 유래하여 15세를 뜻하는 한자는?

① 志學　　　　　　　② 古稀
③ 知天命　　　　　　④ 而立

12 세계 최초로 고속철도를 개통한 나라는?

① 프랑스　　　　　　② 미국
③ 스페인　　　　　　④ 일본

13 시민 누구나가 참여해 정책결정자와 주요 이슈 등에 대해 의견을 나누고 질의응답의 시간을 가지는 비공식적 회의를 일컫는 용어는?

① 심포지엄　　　　　② 패널토의
③ 공청회　　　　　　④ 타운홀미팅

14 특정 사실이 언론매체를 통해 이슈화되면 관심이 집중되고 새로운 사실로 받아들이며 이 관심이 확산되는 현상을 나타내는 용어는?

① 베르테르 효과
② 루핑 효과
③ 나비 효과
④ 피그말리온효과

15 홍콩의 민주화 요구 시위가 길어지고 있는 가운데 홍콩 구의원 선거에서 범민주 진영이 친중파 후보들을 누르고 압승했다. 다음 중 홍콩 시위와 가장 거리가 먼 것은?

① 캐리람
② 우산 혁명
③ 복면금지법
④ 재스민 혁명

16 다음 빈칸에 들어갈 내용으로 적절한 것은?

> 아이스 버킷 챌린지는 (　　　)에 대한 관심을 환기하고 치료에 필요한 비용에 대한 기부를 활성화 하려는 사회적 이슈라고 할 수 있다.

① 루게릭병
② 알츠하이머병
③ 파킨슨병
④ 모겔론스병

17 미국 대통령의 임기는 몇 년인가?

① 4년　　　　　　　② 5년
③ 6년　　　　　　　④ 7년

18 다음 사건을 시대 순으로 바르게 나열한 것은?

> ㉠ 한국·북한 UN 동시가입
> ㉡ 금융실명제
> ㉢ 반민족 친일행위자 처단법
> ㉣ 6·15 남북 공동선언
> ㉤ 최초 이산가족 상봉

① ㉠ - ㉡ - ㉣ - ㉤ - ㉢
② ㉠ - ㉡ - ㉤ - ㉣ - ㉢
③ ㉢ - ㉠ - ㉡ - ㉤ - ㉣
④ ㉢ - ㉤ - ㉠ - ㉡ - ㉣

19 다음 중 다보스 포럼이 개최되는 나라는?

① 덴마크　　　　　② 스웨덴
③ 스위스　　　　　④ 프랑스

20 인터넷으로 상품을 구매할 때 나타나는 새로운 소비 흐름으로 다른 사람이 제품을 사용한 경험을 중요하게 여겨 물건을 구입할 때 이미 그 물건을 산 사람의 의견을 참고하여 결정을 내린다. 이러한 소비자군을 일컫는 말은?

① 리뷰슈머
② 트윈슈머
③ 모디슈머
④ 프로슈머

21 다음과 같은 상황과 관련된 현상은?

① 다원적 무지
② 베블런 효과
③ 아폴로 신드롬
④ 제노비스 신드롬

22 다음에서 설명하고 있는 명절에 대한 설명으로 옳지 않은 것은?

> 세종 13년(1431)에 이 날은 사흘 동안 불의 사용을 금지한다는 명령이 내려진 적이 있었으며, 매년 임금은 내병조(內兵曹)에서 바친 버드나무를 마찰하여 일으킨 불을 궁중에 있는 관청과 대신 집에 나누어주는 풍습이 있었다.
> 또 민간에서는 설날, 단오, 추석과 함께 4대 절사(節祀)라 하여 산소로 올라가 성묘를 했는데, 그 중에서도 이날과 추석이 가장 성하여 교외로 향하는 길에 인적이 끊어지지 않았다고 한다. 한편 농가에서는 이날을 기하여 밭에 파종을 했다.

① 이날에는 불을 피우지 않고 찬 음식을 먹는다는 옛 습관에서 그 이름이 유래하였다.
② 기원은 중국 진(晉)나라의 충신 개자추(介子推)의 혼령을 위로하기 위해서이다.
③ 이 날 나라에서는 종묘와 각 능원에 제향하고, 민간에서는 여러 가지 주과(酒果)를 마련하여 차례를 지내고 성묘를 한다.
④ 고대문헌에 따르면 중국에서는 약초를 캐고, 재액을 예방하기 위하여 쑥으로 만든 인형·호랑이를 문에 걸었으며, 창포주·웅황주(雄黃酒)라는 약주를 마셨다.

23 투기나 판매를 목적으로 유명인이나 단체의 이름을 딴 도메인을 선점하는 행위를 일컫는 말은?

① 웨바홀리즘
② 그린그리드
③ 사이버배팅
④ 사이버스쿼팅

24 경제활동인구에 대한 설명으로 옳은 것은?

① 18세 이상인 사람들 가운데 일할 능력이 있고 취업할 의사가 있는 인구를 말한다.
② 자발적으로 종교 단체나 자선 사업에 무보수로 종사하는 사람들은 포함하지 않는다.
③ 일을 하고 있지 않고 일을 찾고 있지 않는 실업자를 포함한다.
④ 한 나라의 드러난 노동력을 나타내는 개념이다.

25 빠르고 짧은 시간 동안 새 제품이나 서비스를 만들고 출시 한 뒤 성과를 측정해 다음 제품 개선에 반영하는 것을 반복해 성공 확률을 높이는 경영 방법론을 뜻하는 것은 무엇인가?

① 린 스타트업

② 티저 마케팅

③ 프리 마케팅

④ 란체스터 전략

26 청와대 국민청원에 대해 관계자의 답변을 얻기 위한 충족요건으로 옳은 것은?

① 10일 이내 청원자 10만 명

② 15일 이내 청원자 15만 명

③ 20일 이내 청원자 20만 명

④ 30일 이내 청원자 20만 명

27 다음 중 국가와 화폐단위가 잘못 연결된 것을 고르면?

① 카타르 – 리알

② 파운드 – 영국

③ 페소 – 칠레

④ 루블 – 아르헨티나

28 다음 설명에 해당하는 것은?

새로 부상하는 세력이 지배세력의 자리를 빼앗으려고 위협해 올 때 극심한 구조적 긴장이 발생하는 현상으로, 최근 중국과 미국이 다양한 분야에서 주도권 다툼을 벌이는 것도 이러한 사례로 볼 수 있다.

① 살라미 전술

② 벼랑끝 전술

③ 투키디데스의 함정

④ 유동성의 함정

29 다음 유물이 등장한 시기의 생활 모습의 관한 설명으로 옳은 것은?

• 고창, 화순, 강화도 일대에서 발견되었으며 탁자식, 바둑판식, 개석식으로 나뉜다.
• 유네스코 지정 세계문화유산에 등재되었다.

① 뗀석기와 뼈도구를 사용했다.

② 이 시기의 대표적인 토기는 빗살무늬 토기이다.

③ 철제 농기구로 농사를 지었다.

④ 추수용 도구로 반달돌칼을 사용하였다.

30 다음 중 유네스코에 등재된 세계문화유산이 아닌 것은?

① 아프로디시아스

② 산사, 한국의 산지 승원

③ 슈베비셰 알프의 동굴과 빙하기 예술

④ 마사이 족 남성의 3단계 통과의례

31 다음 중 헌법재판소의 관장 사항이 아닌 것은?

① 탄핵의 심판

② 정당의 해산 심판

③ 법률이 정하는 헌법소원에 관한 심판

④ 행정기관 및 공무원의 직무에 관한 감찰

32 삼국시대 한강유역을 중심으로 한 영토정복전쟁에서 이 지역에 진출한 순서가 맞는 것은?

① 고구려 – 백제 – 신라

② 신라 – 고구려 – 백제

③ 백제 – 신라 – 고구려

④ 백제 – 고구려 – 신라

33 다음 중 맞춤법이 바르지 않은 것은?

① 숫염소

② 괴발개발

③ 풍지박산

④ 삼수갑산

34 다음의 금융 관련 사건을 시간순으로 바르게 나열한 것은?

> ㉠ 한국 IMF 자금 지원
> ㉡ 스페인 긴축 재정정책(유로 위기)
> ㉢ 브렉시트
> ㉣ 리먼 브라더스 파산

① ㉠ - ㉡ - ㉣ - ㉢

② ㉠ - ㉣ - ㉡ - ㉢

③ ㉣ - ㉠ - ㉢ - ㉡

④ ㉣ - ㉡ - ㉠ - ㉢

35 음원사이트나 기프트 카드 등 정액 상품에서 구매자가 제공량을 다 쓰지 않아 떨어지는 부가수입을 말하는 것으로, 정액 상품을 판매한 기업의 배를 불리는 수단으로 악용되고 있다는 지적을 받는 것은?

① 낙전수입

② 포인트수입

③ 잉여수입

④ 가처분수입

36 국제법상 분쟁해결을 위하여 당사자 간에 편의적으로 체결되는 잠정적 협정을 일컫는 용어는?

① 스케이프고트

② 모두스 베벤드

③ 페르소나 논 그라타

④ 아그레망

37 다음 중 수출·수입이 원칙적으로 금지된 무역형태에서 예외적으로 특정상품만 허용하는 제도로 점진적 자유화 추진방식의 하나로 점차적으로 협상을 통해 개방 가능한 부문 및 사항을 확대하는 방식을 말하는 것은?

① 포지티브시스템

② 포괄주의

③ 링크시스템

④ 네거티브시스템

38 2021년 현재 우리나라 국회의원의 총 의석 수는 300석이다. 지역구 수와 비례대표 수를 바르게 나열한 것은?

① 271석, 29석

② 264석, 36석

③ 253석, 47석

④ 247석, 53석

39 세계 최대 규모인 이탈리아 볼로냐국제아동도서전(Bologna Children's Book Fair)에서 한 해 동안 전 세계에서 출간된 어린이 도서 가운데 각 분야의 최고 아동서를 대상으로 주어지는 상으로 어린이 도서 분야의 노벨상 격이다. 2011년 한국 작가 김희경 씨의 그림책 「마음의 집」이 논픽션 부분 대상을 수상해, 한국 작가로는 첫 대상 수상자가 되었는데 이 상의 이름은 무엇인가?

① 라가치상

② 케이트 그리너웨이상

③ 국제안데르센상

④ 카스테로상

40 병역 의무 회피를 목적으로 미국 시민권을 획득해 한국 입국이 금지된 가수 유승준에 대한 비자 발급 거부 처분이 위법하다는 법원의 판결이 내려진 가운데, 유승준이 신청했던 F-4 비자가 무엇인지에 대해 관심이 주목되었다. F-4 비자의 종류는 무엇인가?

① 방문동거

② 동반

③ 재외동포

④ 거주

서 원 각

www.goseowon.com

전라남도
지방공공기관

직원 통합 채용시험

제 3 회	영 역	일반상식
	문항수	40문항
	시 간	40분
	비 고	객관식 4지선다형

SEOWONGAK
(주)서원각

1 ＿ 2021년 최저시급은 얼마인가?

① 8,950원

② 8,720원

③ 8,590원

④ 8,350원

2 ＿ 이세돌 9단의 은퇴 기념 대국에서 상대가 된 AI는?

① 알파고 ＿＿＿＿＿ ② 한돌

③ 릴라 ＿＿＿＿＿＿ ④ 절예

3 ＿ 2018년 '산사, 한국의 산지 승원'이라는 명칭으로 유네스코 세계유산 목록에 등록된 7대 사찰에 속하지 않는 곳은?

① 통도사(경상남도 양산시)

② 부석사(경상북도 영주시)

③ 봉정사(경상북도 안동시)

④ 해인사(경상남도 합천군)

4 ＿ 다음 상황에서 A를 가리키는 용어는?

> 대기업을 다니다 은퇴한 67세 A씨는 퇴직금을 투자해 분양받은 상가에서 매월 200만 원의 월세를 받고 있다. 또한 국민연금으로 약 80만 원에 가까운 금액을 수령하고 있어 자신이 원하는 것을 하기 위해 돈과 시간을 충분히 투자하며 여가를 즐긴다.

① 다이아몬드 세대

② 진주 세대

③ 루비 세대

④ 오팔 세대

5 ＿ 디플레이션에 대한 설명으로 옳지 않은 것은?

① 경기가 하강한다.

② 물가가 상승한다.

③ 통화가 수축한다.

④ 화폐 가치가 상승한다.

6 ＿ 다음은 어떤 인물에 대한 설명인가?

> 최초의 국비유학생으로 미국에서 공부한 한말의 개화운동가이다. 귀국 후 7년간 감금되어 『서유견문』을 집필하였으며, 아관파천으로 친일정권이 붕괴되자 일본으로 12년간 망명하였다가 순종 황제의 특사로 귀국한 뒤, 국민교육과 계몽사업에 헌신하였다.

① 김옥균 ＿＿＿＿＿ ② 신채호

③ 유길준 ＿＿＿＿＿ ④ 정인보

7 ＿ 다음 중 대가야에 대한 설명으로 옳은 것은?

① 법흥왕에 의해 복속되었다.

② 우산국을 복속하였다.

③ 5C 후반에 소백산맥 서쪽까지 세력을 확장시킨다.

④ 5C 이후 중앙집권국가로 발전하였다.

8 ＿ 다음 상황과 관련된 용어는?

> • 한 사람을 채팅방에 초대해서 단체로 욕설을 내뱉는 '떼카'
> • 채팅방에서 나가려는 사람을 계속 초대하는 '카톡 감옥'
> • 채팅방에 초대한 다음에 혼자 남겨두는 '방폭'
> • 다른 학생의 와이파이 데이터를 빼앗는 '와이파이 셔틀'

① 사이버배팅 ＿＿＿ ② 사이버불링

③ 사이버스쿼팅 ＿＿ ④ 사이버리즘

9 블랙스완(black swan)에서 파생된 경제 용어로 이미 시장에 알려져 예측할 수 있는 악재이지만 마땅한 해결책이 없어 위험요인이 시장에 계속 존재하는 상태를 일컫는 용어는?

① 그레이스완(grey swan)

② 레드스완(red swan)

③ 옐로스완(yellow swan)

④ 화이트스완(white swan)

10 수성 탐사선인 베피콜롬보 개발과 관계 있는 두 지역은?

① 미국, 일본

② 미국, 중국

③ 일본, 유럽

④ 유럽, 캐나다

11 2022년 FIFA 월드컵 개최국은?

① 레바논   ② 카타르

③ 바레인   ④ 이라크

12 서민형 안심전환대출에 대한 설명으로 옳지 않은 것은?

① 민법상 성년인 대한민국 국민이어야 하며 재외국민, 외국 국적동포를 포함한다.

② 소득요건으로 부부합산 연소득 8,500만 원 이하여야 한다.

③ 시가 10억 원 이하의 주택일 경우 신청할 수 있다.

④ 변동금리 대출 또는 준고정금리 주택담보대출을 전환 대상으로 한다.

13 다음 중 모기가 매개충이 되어 옮기는 질병이 아닌 것은?

① 지카바이러스 감염증

② 일본뇌염

③ 뎅기열

④ 크론병

14 다음은 마블 영화에 등장하는 히어로에 대한 설명이다. 어떤 캐릭터인가?

> 불의의 사고로 절망에 빠진 천재 외과의사인 주인공은 마지막 희망을 걸고 찾아 간 곳에서 '에인션트 원'이라고 불리는 인물을 만나 세상을 구원할 강력한 능력을 얻게 되면서 모든 것을 초월한 최강의 히어로로 거듭나게 된다.

① 아이언맨

② 헐크

③ 닥터 스트레인지

④ 블랙 팬서

15 다음 빈칸에 들어갈 숫자를 모두 더한 값은?

> • 중성이란 산성도 염기성도 나타내지 않는다는 뜻으로 수용액에 대해서는 pH가 (   )인 경우를 가리킨다.
> • 경칩은 24절기 중 (   ) 번째 절기이다.
> • 테니스 경기에서 '러브'는 (   )점을 말한다.

① 13   ② 12

③ 11   ④ 10

16 구석기 시대의 유물·유적에 해당하는 것은?

① 가락바퀴

② 빗살무늬 토기

③ 간석기

④ 주먹도끼

17 혈액 속 성분 중 가장 많은 비중을 차지하는 물질은?

① 적혈구

② 백혈구

③ 혈장

④ 혈소판

18 반상의 돌이 갖추어야 할 완생의 최소 조건인 '독립된 두 눈'이 없는 상태를 가리키는 바둑용어는?

① 반생　　　　　　② 미생

③ 빈생　　　　　　④ 낙생

19 다음 사례에 해당하는 용어는?

> • 2001년 아프가니스탄의 탈레반 정권이 바미안(bamiyaan) 석불을 파괴
> • 2015년 이슬람국가가 이라크의 모술과 시리아의 팔미라 등에서 메소포타미아의 고대 유적들을 파괴

① 반달리즘　　　　② 쇼비니즘

③ 엘리티즘　　　　④ 다다이즘

20 1972년 박정희 전 대통령이 대통령 별장으로 공식 지정하면서 일반인의 출입이 제한되어 온 섬으로, 2019년 9월 17일 이곳을 일반인에게 개방한다는 문재인 대통령의 방침에 따라 47년만에 시범 개방된 이 섬은?

① 욕지도　　　　　② 저도

③ 가파도　　　　　④ 세어도

21 SM엔터테인먼트에서 미국 시장에 데뷔시킨 아이돌그룹 슈퍼엠(SuperM)이 음반과 함께 티셔츠 등의 굿즈를 묶어서 판매해 음반 판매량을 늘리는 문제로 지적을 받았다. 이처럼 여러 가지 제품을 하나로 묶어서 단일 가격에 판매하는 것을 일컫는 용어는?

① 스키밍프라이싱　② 번들링

③ 버저닝　　　　　④ 핸들링

22 1865년 영국에서 제정돼 1896년까지 약 30년간 시행된 세계 최초의 도로교통법인 동시에 시대착오적 규제의 대표적 사례로 꼽히는 법은?

① 붉은 마차법　　　② 붉은 깃발법

③ 푸른 마차법　　　④ 푸른 깃발법

23 '애그테크'는 첨단기술과 무엇을 융합한 것인가?

① 광고　　　　　　② 체육

③ 의술　　　　　　④ 농업

24 다음 빈칸에 들어갈 숫자를 바르게 나열한 것은?

> 주휴수당이란 한 주 동안 규정된 근무일수를 다 채운 근로자에게 유급 주휴일을 주는 것이다. 하루 (　　)시간, 1주일에 (　　)시간 이상 일하면 주휴일에는 일을 하지 않아도 1일분의 임금을 추가로 받을 수 있다.

① 3, 10　　　　　② 3, 15

② 5, 10　　　　　④ 5, 15

25 기업들이 정규직보다 필요에 따라 계약직 혹은 임시직으로 사람을 고용하는 경향이 커지는 경제상황을 일컫는 용어는?

① 긱 경제　　　　　② 구독 경제

③ 공유 경제　　　　④ 창조 경제

26 다음은 고려시대에 설치된 기구들이다. 이들의 공통적 목적은 무엇인가?

> • 의창　　　　　　• 상평창
> • 구제도감　　　　• 구급도감
> • 동서대비원

① 농업 생산력의 증대

② 자급자족의 경제구조 확립

③ 귀족의 경제력 향상

④ 농민의 생활 안정

27 다음 중 그 뜻이 가장 다른 하나는?

① 언 발에 오줌 누기　② 미봉책

③ 임시방편　　　　　④ 고육지책

3

28 '마흐람 제도'는 무엇인가?

① 인도의 신분 제도

② 사우디아라비아의 남성 후견인 제도

③ 아랍에미리트의 일부다처제

④ 탄자니아의 미성년자 조혼 제도

29 인간의 두뇌 구조와 활동 방법을 모방한 반도체 칩으로 대용량 데이터를 병렬 처리해 적은 전력으로도 복잡한 연산 및 학습이 가능한 이 반도체는?

① 실리콘 반도체

② 진성 반도체

③ 비메모리 반도체

④ 뉴로모픽 반도체

30 네이밍 법안과 그 내용이 바르게 연결되지 못한 것은?

① 조두순법 : 미성년자 대상 성범죄자의 출소 후 전자발찌 부착 기간을 연장

② 태완이법 : 살인죄의 공소시효를 폐지

③ 민식이법 : 어린이보호구역 내 안전운전 의무 부주의로 사망이나 상해사고를 일으킨 가해자를 가중처벌

④ 하준이법 : 음주운전으로 인명 피해를 낸 운전자에 대한 처벌 수위를 높이고 음주운전 기준을 강화

31 다음 상황에 A의 심리를 지칭하는 용어는?

> 평소에도 걱정이 많은 A씨는 3박 4일간 중국 출장을 가게 되었다. 출장을 준비하고 다녀오는 내내 비행기가 추락하지는 않을까, 자신이 집을 비운 동안 가스가 새 폭발하지는 않을까, 갑자기 부모님이 교통사고로 돌아가시 않을까, 전쟁이 터져 귀국하지 못하는 것은 아닐까 하는 걱정으로 업무를 제대로 처리할 수 없었다.

① 번아웃 증후군

② 파랑새 증후군

③ 램프 증후군

④ 피터팬 증후군

32 동남아시아 국가와 수도가 바르게 연결되지 않은 것은?

① 말레이시아 – 쿠알라룸푸르

② 베트남 – 호치민

③ 필리핀 – 마닐라

④ 인도네시아 – 자카르타

33 윌리엄 셰익스피어의 4대 비극이 아닌 것은?

① 햄릿

② 오셀로

③ 로미오와 줄리엣

④ 리어왕

34 영화 「신과 함께 – 인과 연」에 등장하는 성주신은 어디를 지키는 수호신인가?

① 대문   ② 마당

③ 집   ④ 산

35 일본군 '위안부' 피해자 기림의 날은 언제인가?

① 3월 2일

② 7월 16일

③ 8월 14일

④ 10월 8일

36 다음은 「국민의 형사재판 참여에 관한 법률」 제16조에 규정된 배심원에 자격에 대한 내용이다. 다음 빈칸에 들어갈 숫자는?

> 배심원은 만 (   )세 이상의 대한민국 국민 중에서 이 법으로 정하는 바에 따라 선정된다.

① 18세   ② 19세

③ 20세   ④ 21세

37 다음에 설명하고 있는 것은?

> 특정 정당이나 특정 후보자에게 유리하도록 자의적으로 부자연스럽게 선거구를 정하는 일로, 1812년 미국 메사추세츠 주지사였던 이 사람이 자기 당에 유리하게 선거구를 정한 데서 유래되었다.

① 포퓰리즘

② 로그롤링

③ 매니페스토

④ 게리맨더링

38 독자적 연호를 최초로 사용한 우리나라의 왕은?

① 광개토대왕

② 장수왕

③ 세종대왕

④ 신문왕

39 우리나라 드라마 촬영 현장의 열악한 노동 환경을 일컫는 용어는?

① 클로즈 노동

② 디졸브 노동

③ 페이드 노동

④ 줌 인 노동

40 우리나라의 고속철도인 KTX가 개통된 연도는?

① 2001년　　　　② 2002년

③ 2003년　　　　④ 2004년

서 원 각

www.goseowon.com

전라남도 지방공공기관

직원 통합 채용시험

제 4 회	영 역	일반상식
	문항수	40문항
	시 간	40분
	비 고	객관식 4지선다형

SEOWONGAK

(주)서원각

문항수 : 40문항	풀이시간 : 40분

1 다음 빈칸에 들어갈 인물은?

– 2020년 1월의 독립운동가 –

(   ) 선생(1862~1907)

"나라를 되찾기 위해 의롭게 일어난 의병장"

1905년 을사늑약 체결 이후 고종은 의금부의 금부도사였던 정환직에게 의병을 일으킬 것을 비밀리에 명령하였다. (   )은/는 아버지 정환직과 함께 고향인 경북 영천으로 내려가 '영천창의소'를 설치하고 영남지역에서 1,000여 명의 의병을 모아 '산남의진(山南義陣)'의 대장으로 활동하였다.

국가보훈처

---

① 정도전   ② 정순만
③ 정율성   ④ 정용기

2 다음 고려시대의 과거제도에 대해 옳지 않은 것을 고르면?

① 광종 때에 쌍기의 건의에 의해 시행되었다.
② 명경과보다 제술과를 더 중시하였다.
③ 과거에 합격한 사람은 시험관인 지공거와의 결속 덕분에 관직 진출이 용이하였다.
④ 양인은 과거시험에 응시하는 것이 불가능하였다.

3 아프리카돼지열병(ASF)에 대한 설명으로 옳은 것은?

① 곰팡이균에 의해 발생하는 돼지 전염병이다.
② 치사율이 100%에 이르지만 백신 접종 시 감소시킬 수 있다.
③ 인수공통전염병으로 사람에게도 전염될 수 있다.
④ 감염된 돼지는 전량 살처분·매몰 처리된다.

4 다음 중 신종 인플루엔자 A(H1N1)에 대한 설명으로 옳지 않은 것은?

① A형 인플루엔자 바이러스는 2009년 3월 말 미국 캘리포니아 주 샌디에이고에서 발열, 기침 및 구토로 내원한 10세 소아의 비인두 흡입 검체에서 처음으로 검출되었다.
② 조류독감 바이러스의 유전자가 재조합된 인플루엔자 A 바이러스에 의해 발생한다.
③ 잠복기는 정확히 알려져 있지 않으나 1~7일 정도로 예상하고 있으며, 증상발현 후 7일까지 전염이 가능한 것으로 보고되고 있다.
④ 37.8℃ 이상의 발열과 더불어 콧물·인후통·기침 등의 증상을 나타낸다.

5 앱을 다운받은 고객이 매장으로 들어오면 고주파음역대 파장으로 앱이 자동 실행돼 스마트폰으로 상품을 소개하는 전단지, 영수증, 할인쿠폰 등을 전송받을 수 있는 위치기반 서비스처럼 소비자가 온라인, 오프라인, 모바일 등 다양한 경로를 넘나들며 상품을 검색하고 구매할 수 있도록 한 서비스를 말하는 용어는?

① 쇼루밍
② 클러스터
③ 셀렉트숍
④ 옴니채널

6 음력으로 한 해의 마지막 날을 일컫는 용어를 맞춤법에 맞게 바르게 쓴 것은?

① 섣달그뭄   ② 섣달그믐
③ 섯달그뭄   ④ 섣달그믐

7 다음 빈칸에 들어갈 정책으로 옳은 것은?

왕	정책
태조	
광종	노비안검법, 과거제
성종	12목의 설치, 건원중보 발행
현종	연등회, 팔관회 부활
숙종	해동통보 발행, 별무반 창설

① 「삼국사기」 편찬
② 동북9성의 반환
③ 기인제도, 사심관제도
④ 소금전매제의 실시

8 다음 중 그 성격이 가장 다른 하나는?

① 코쿤족
② 히키코모리
③ 칩거증후군
④ 그루밍족

9 인구 고령화로 생산연령인구가 감소함에 따라 정부가 이르면 2022년 계속고용제도를 도입해 모든 기업에 정년 연장을 의무화하기로 했다. 고령 인구의 노동시장 참여를 확대해 적정 수준의 생산인구를 유지하겠다는 계획으로 볼 수 있는데, 그렇다면 현행 정년 나이는 몇 세인가?

① 55세　　　　② 56세
③ 58세　　　　④ 60세

10 다음 중 맞춤법이 옳지 않은 것은?

① 세뱃돈　　　　② 인삿말
② 전셋집　　　　④ 등굣길　⑤ 윗입

11 어니스트 헤밍웨이의 소설 『노인과 바다』에서 노인이 잡으려고 했던 물고기의 종류는?

① 참다랑어　　　　② 백상아리
③ 철갑상어　　　　④ 녹새치

12 얼리힐링(early healing)족의 특징으로 볼 수 없는 것은?

① 자신의 취미를 적극적으로 찾아 나선다.
② 30대부터 건강관리를 시작한다.
③ 이른 나이에 결혼을 한다.
④ 꾸준히 자기계발을 한다.

13 다음은 어느 신문의 창간사이다. 이 신문은 무엇인가?

우리는 첫째 편벽되지 아니한 고로 무슨 당에도 상관이 없고 상하 귀천을 달리 대접 아니 하고 모두 조선 사람으로만 알고 조선만 위하여 공평히 인민에게 말할 터인데, …… 우리가 모두 언문으로 쓰기는 알아보기 쉽도록 함이라, 남녀 상하 귀천이 모두 보게 함이오. 또 한쪽에 영문으로 기록하기는 외국 인민이 조선 사정을 자세히 모르기 때문에 혹 편벽된 말만 듣고 조선을 잘못 생각할까 보아 실상 사정을 알게 하고자 하여 영문으로 조금 기록한다.

① 제국신문　　　　② 독립신문
③ 황성신문　　　　④ 대한매일신문

14 다음 설명에 해당하는 것은?

• 대기 및 해양 환경 관측장비 탑재
• 세계 최초 정지궤도 미세먼지·적조 관측
• 동아시아 대기오염 물질 발생 및 이동, 적조·녹조 등 해양 환경 실시간 감시

① 천리안 2A호
② 천리안 2B호
③ 우리별 1호
④ 우리별 2호

15 권리에 대한 행사가 있음에도 불구하고 이를 행사치 않고 일정 기간을 계속함으로써 권리소멸의 효과를 생기게 하는 제도는?

① 플리바게닝　　　　② 감청영장
③ 소멸시효　　　　④ 복권

16 다음 빈칸에 들어갈 적절한 용어는?

자신만의 아이디어를 활용해 기성 제품을 새로운 방식으로 창조해 내는 (   )들의 시대가 도래했다. 특히 식품업계에서 이러한 소비자들의 레시피가 신제품 출시 트렌드와 시장 판도에 큰 영향을 미치고 있다. 한 예능 프로그램에서 등장해 유행했던 "짜파구리(짜파게티 + 너구리)" 역시 이와 같은 맥락이라고 할 수 있다.

① 메디슈머　　　　　　② 프로슈머
③ 모디슈머　　　　　　④ 보테슈머

17 채무자가 공사채나 은행 융자, 외채 등의 원리금 상환 만기일에 지불 채무를 이행할 수 없는 상태를 무엇이라고 하는가?

① 디폴트　　　　　　② 환형유치
③ 엠바고　　　　　　④ 워크아웃

18 화려하고 자극적인 것에 질린 사람들이 평범한 것에서 매력을 찾으면서 등장한 신조어는?

① 욜로　　　　　　② ASMR
③ 노멀크러시　　　　　　④ 미니멀리즘

19 다음 지문과 관련된 사건은?

지금 왜양의 도적떼가 나라 한복판에 들어와 어지럽힘이 극에 이르렀다. 진실로 오늘날 서울을 보건데 오랑캐 소굴이다. 임진년 원수요 병인년의 치욕을 차마 어찌 말로 할 수 있겠으며 어찌 잊을 수 있겠는가? … 무릇 왜양이 개나 양과 같다는 것은 비록 어린애라 할지라도 그것을 모르는 사람이 없다. 그런데 명석한 재상으로서 어찌하여 우리가 왜양을 배척하는 것을 도리어 사류라 배척하는가?

① 통상반대운동
② 정미의병
③ 갑오개혁
④ 동학농민운동

20 4차 산업혁명 시대의 새로운 글로벌 협력 구조를 의미하는 용어로, 2019년 세계경제포럼(WEF)의 의제이기도 했던 이것은?

① 세계화 1.0　　　　　　② 세계화 2.0
③ 세계화 3.0　　　　　　④ 세계화 4.0

21 다음에서 설명하는 효과로 적절한 것은?

물건 구매에 망설이던 소비자가 남들이 구매하기 시작하면 자신도 그에 자극돼 덩달아 구매를 결심하는 것을 비유한 현상이다.

① 펭귄 효과　　　　　　② 악어 효과
③ 판다 효과　　　　　　④ 제비 효과

22 공급 중심이 아니라 수요가 모든 것을 결정하는 시스템이나 전략 등을 총칭하는 용어는?

① 공유경제　　　　　　② 아웃소싱
③ 온디맨드　　　　　　④ 오프쇼링

23 다음 중 '갑오개혁'의 내용으로 옳지 않은 것은?

① 과거제도를 폐지
② 재정의 일원화
③ 토지제도의 개혁
④ 신분제도의 폐지

24 전 세계 시간의 기준이 되는 본초자오선이 지나는 그리니치 천문대가 위치한 도시는?

① 파리　　　　　　② 베를린
③ 런던　　　　　　④ 로마

25 대출을 받아 무리하게 장만한 집 때문에 빚에 허덕이는 사람들을 이르는 말은?

① 렌트 푸어
② 하우스 푸어
③ 워킹 푸어
④ 실버 푸어

26 외국계 자본이 국내 금융시장을 장악하는 현상을 가리키는 용어는?

① 디드로 효과
② 메기 효과
③ 윔블던 효과
④ 스놉 효과

27 다음 중에서 컴퓨터의 입력장치를 모두 고르면?

㉠ 키보드	㉡ 모니터
㉢ 마우스	㉣ 스캐너
㉤ 프린터	

① ㉠, ㉡, ㉢
② ㉠, ㉡, ㉣
③ ㉠, ㉢, ㉣
④ ㉡, ㉣, ㉤

28 다음 증상과 관계있는 용어는?

- 하루라도 SNS를 안 하면 불안하다.
- 내가 SNS에 올린 글에 누가 어떤 댓글을 달았는지 궁금해 죽을 것 같다.
- 글에 붙은 댓글이 적으면 우울하다.
- 아침에 눈을 뜨면 스마트폰부터 찾는다.

① 인포데믹스
② 파랑새증후군
③ 정보격차
④ SNS피로증후군

29 다음 밑줄 친 단어 중 맞춤법이 틀린 것은?

① 몸이 아파서 며칠 집에서 누워있었다.
② 나는 솔직이 너를 이해할 수 없어.
③ 꽃잎이 바람에 떨어진다.
④ 나는 산길에서 넘어졌다.

30 불특정 다수가 대상인 매스(Mass) 마케팅의 반대 개념으로, 타깃층을 정교하게 세분화해 필요한 곳만 정조준하는 마케팅 기법을 일컫는 것은?

① 언택트 마케팅
② 핀셋 마케팅
③ 리테일 마케팅
④ 마이크로 마케팅

31 밑줄 친 '나'에 대한 설명으로 옳은 것은?

나는 도를 구하는 데 뜻을 두어 덕이 높은 스승을 두루 찾아 다녔다. 그러다가 진수대법사 문하에서 교관을 대강 배웠다. 법사께서는 강의하다가 쉬는 시간에도 늘 "관도 배우지 않을 수 없고, 경도 배우지 않을 수 없다."라고 제자들에게 훈시하였다. 내가 교관에 마음을 다 쏟는 까닭은 이 말에 깊이 감복하였기 때문이다.

① 정혜쌍수로 대표되는 결사운동을 일으켰다.
② 유불일치설을 주장하였다.
③ 해동 천태종을 창시하였다.
④ 화엄사상을 통해 전제왕권 강화에 기여하였다.

32 '공익을 위하여'라는 라틴어 줄임말로 미국에서 소외 계층을 위해 무료 변론을 하는 변호사를 일컫는 말로 쓰이면서 대중화된 개념은?

① 애드호크(ad hoc)
② 페르소나 논 그라타(persona non grata)
③ 프로보노(probono)
④ 마니페스투스(Manifestus)

33 다음 중에서 4대 보험이 아닌 것은?

① 국민연금
② 건강보험
③ 고용보험
④ 요양보험

34 다음 중 조선 태종과 세조가 실시한 왕권강화책은?

① 사간원의 독립
② 6조 직계제
③ 집현전 설치
④ 의정부 서사제

35 다음이 설명하는 것은 무엇인가?

과열 경쟁과 과도한 업무에 시달리는 직장인들에게 주로 나타나는 증상으로 반복되는 업무와 스트레스 속에서 몸과 마음이 힘들어지고 극도의 피로가 쌓이면 찾아오는 질병이다. 이는 우울증이나 자기혐오, 심리적 회피와 같은 증상을 동반하며 심할 경우 수면장애를 유발해 건강에 치명적인 영향을 줄 수 있다.

① 심열(心熱)
② 번아웃증후군
③ 일반 적응 증후군
④ 대사증후군

36 각국의 정치, 경제 상황과 향후 전망 등을 종합적으로 평가해 국가별 등급을 발표하는 세계 3대 신용평가기관과 국가가 바르게 연결된 것은?

① 스탠더드 앤드 푸어스(S&P) – 미국
② 피치 레이팅스(Fitch Ratings) – 미국
③ 무디스(Moody's) – 인도
④ 던 앤드 브래드 스트리트(D&B) – 영국

37 정부의 제로웨이스트 정책에 대한 설명으로 옳지 않은 것은?

① 환경부는 2022년까지 1회용품 사용량을 35% 이상 줄이는 등 '1회용품 함께 줄이기 계획'을 발표했다.
② 식품접객업소의 경우 자발적 협약을 통해 종이컵과 빨대 사용을 감량한다는 방침이며 2021년부터는 포장·배달음식에 제공하던 1회용 숟가락 및 젓가락 등의 무상제공이 금지된다.
③ 세척시설을 갖춘 장례식장은 2021년부터 세척이 쉬운 컵·식기부터 1회용품 사용이 금지되며 접시·용기 등으로 범위가 점차 확대될 예정이다.
④ 배송용 포장재 문제를 해소하기 위해 정기적으로 같은 곳에 배송되는 경우 당일 배송되어 위생문제가 없는 범위에서 2022년까지 재사용 상자 대신 스티로폼 상자를 이용하는 사업을 추진한다.

38 다음 중 고려 정치 체제의 특성을 적절하게 서술한 것을 보기에서 고르면?

㉠ 삼사는 직위는 낮았으나 정치의 잘잘못을 논하고 관리들의 비리를 감찰하는 서경권을 담당하였다.
㉡ 도병마사와 식목도감은 고려 귀족 정치의 특징을 보여주는 회의기구이다.
㉢ 식목도감은 국방 문제를 담당하던 임시기구로 고려 후기 도평의사사로 발전하였다.
㉣ 어사대는 발해의 중정대와 같은 기능을 담당하였다.

① ㉠, ㉡
② ㉠, ㉢
③ ㉡, ㉢
④ ㉡, ㉣

39 토론을 활성화시키거나 다른 선택의 여지가 있는가를 모색하기 위한 역할을 하기 위해 어떤 사안에 대해 의도적으로 반대 의견을 피력하는 사람을 지칭하는 용어는?

① 천사의 대변인
② 천사의 변호인
③ 악마의 대변인
④ 악마의 변호인

40 1996년 러시아 남부 다게스탄공화국 키즐랴르를 기습한 체첸 반군을 일컫는 말이었으나, 1990년대 중반 미국의 극우 인종주의자 앨릭스 커티스에 의해 '자생적 테러리스트'라는 의미로 변화된 용어는?

① 악시옹 디렉트
② 빛나는 길
③ 외로운 늑대
④ 붉은 여단

서 원 각

www.goseowon.com

전라남도 지방공공기관

직원 통합 채용시험

제 5 회	영 역	일반상식
	문항수	40문항
	시 간	40분
	비 고	객관식 4지선다형

SEOWONGAK
(주)서원각

1 제품 판매와 기부를 연결하는 마케팅으로 지구 온난화로 생존 환경을 위협받고 있는 북극곰을 돕자는 취지로 2011년 코카콜라가 시작한 캠페인, 미국 제약회사 헬프 레미디스가 반창고 신제품을 내놓으면서 골수 기증 프로그램 가입서를 첨부한 캠페인이 대표적이다. 이처럼 기업의 경영 활동과 사회적 이슈를 연계시키는 마케팅으로, 기업과 소비자의 관계를 통해 기업이 추구하는 사익(私益)과 사회가 추구하는 공익(公益)을 동시에 얻는 게 목표인 것은?

① 크리슈머 마케팅
② 앰부시 마케팅
③ 바이럴 마케팅
④ 코즈 마케팅

2 다음 빈칸에 들어갈 단어는 무엇인가?

> 2013년 유튜브 월간 조회 수가 10억 명을 돌파하자 영국의 파이낸셜타임스는 2013년 3월 21일 유튜브의 성공은 (   ) 덕분이라고 말했다. 이들은 매일 최우선적으로 유튜브에 머물고, 개별 동영상들을 마치 TV쇼를 보듯 즐기고, 나이가 아니라 '연결된 행동(Connected Behavior)'을 통해 하나가 되고, 관심과 흥미가 비슷한 사람들끼리 모이고 원하는 콘텐츠를 찾는 특성이 있는데, 이게 유튜브 성공의 연료가 됐다는 분석이다.

① C세대
② T세대
③ BYOD족
④ @세대

3 칸 국제영화제 황금종려상, 청룡영화제 최우수 작품상, 시드니 영화제 최고상, 벤쿠버 영화제 관객상, 호주 아카데미 작품상 등을 수상하며 한국 영화의 새로운 역사를 쓰고 있는 영화 『기생충』의 감독은?

① 이병헌
② 이준익
③ 봉준호
④ 김기덕

4 국내 산업자본 최초로 은행 대주주가 된 기업은?

① KT
② 토스
③ 카카오
④ 산업은행

5 다음 제시문을 읽고 빈칸에 들어갈 알맞은 용어를 고르면?

> 최근 20대 엄마가 자신의 아들에게 매일 치사량의 소금을 먹여 살해한 사건으로 세계가 경악을 했다. 아이의 엄마인 레이시 스피어스는 자신의 블로그와 페이스북 등의 SNS에 병든 아들 가넷을 돌보는 슬픈 사연을 담은 육아일기를 연재해 왔다. 투병중인 아들을 향한 절절한 모성이 미국 뿐 아니라 전 세계 네티즌의 마음을 울리며 위대한 모성으로 SNS에서 명성을 떨쳤고 그녀는 유명인사가 되었다.
> 그런데 결국 아이는 사망했고, 부검 결과는 충격적이다. 세상에 둘도 없는 착한 천사엄마로 알려져 있던 레이시 스피어스가 자신의 아들을 죽이기 위해 긴 시간동안 치사량의 소금을 음식에 섞어 먹여 왔던 것이다. 조사에 따르면 레이시는 일부러 병을 만들어 사람들의 관심을 끄는 정신병인 (   )이라고 한다. 이것은 신체적인 징후나 증상을 의도적·인위적으로 만들어 내서 다른 사람들로 하여금 자신에게 관심과 동정을 이끌어 내는 정신과적 질환이다.

① 사이코패스
② 뮌하우젠 증후군
③ 리플리 증후군
④ 바넘효과

6 스마트폰이나 웹 카메라 등으로 자신의 얼굴 사진을 촬영해 SNS에 올리는 행위를 지칭하는 말은 무엇인가?

① 덕페이스 ② 셀카
③ 셀피 ④ 셀피티스

7 다음 설명하는 이것의 폐단을 막기 위해 실시한 조세정책은?

> 각 도에서 중앙의 관청에 납부하는 공물을 해당 관리들이 매우 정밀하게 살피면서 모두 품질이 나쁘다하여 받아들이지 않고 대신 도성 안에서 사들인 물품을 납부할 때라야만 이를 받아들입니다. 따라서 각 관청 아전들이 이 과정에서 이득을 노려 다투어 대납을 하면서 원래 공물의 가격의 몇 배를 요구하고 있습니다.

① 대동법 　　　　② 영정법
③ 균역법 　　　　④ 호포법

8 선거와 관련하여 이행 가능성을 가지고 구체적인 예산과 추진 일정을 갖춰 제시하는 공약을 지칭하는 용어는?

① 포퓰리즘
② 로그롤링
③ 매니페스토
④ 포크배럴

9 경기 침체나 위기 이후 회복될 쯤 경기 부양을 위해 내놓았던 정책을 거둬들이며 경제에 미치는 영향을 최소화하는 전략적 경제 정책은 무엇인가?

① 출구전략
② 양적완화
③ 워크아웃
④ 세일 앤드 리스 백

10 다음과 관련된 부대를 고르면?

> 2011년 1월 소말리아 인근의 아덴만 해상에서 해적에게 납치된 삼호주얼리호 선원을 구출하였다.

① 자이툰부대 　　　　② 청해부대
③ 상록수부대 　　　　④ 다산부대

11 우리 사회에서 겉보기에는 남녀평등이 실현된 것처럼 보이지만 실제로는 여성 직장인들의 승진 최상한선이 있는 경우가 많다. 위를 보면 끝없이 올라 갈 수 있을 것처럼 보이지만 어느 정도 이상 높은 곳으로 올라 갈 수 없도록 막는다는 무형의 장벽을 무엇이라 하는가?

① 진입장벽 　　　　② 인종차별
③ 고원현상 　　　　④ 유리천장

12 베트남전 당시 미군이 사용하여 기형아 탄생의 원인이 된 고엽제(제초제)로 알려진 화학물질로서 피부질환, 면역력감소, 기형아 출산, 성기이상, 암유발 등이 나타나는 물질은?

① 다이옥신 　　　　② 메탄
③ 이산화탄소 　　　　④ 수은

13 다음에서 설명하는 보고서의 5대 사회악이 아닌 것은?

> • 이 보고서는 이른바 '요람에서 무덤까지' 국민들의 사회생활을 보장하는 복지국가이념의 대표적인 보고서이다.
> • 이 보고서는 영국의 사회 문제를 5대 사회악으로 지적하고 사회보장제도상의 6원칙을 제시했다.

① 궁핍(Want) 　　　　② 무지(Ignorance)
③ 나태(idleness) 　　　　④ 폭력(Violence)

14 다음 중 오경(五經)에 속하지 않는 것은?

① 시경(詩經) 　　　　② 춘추(春秋)
③ 예기(禮記) 　　　　④ 논어(論語)

15 식품을 만드는 과정에서 생물학적, 화학적, 물리적 위해요인들이 발생할 수 있는 상황을 과학적으로 분석하고 사전에 위해요인의 발생여건들을 차단하여 소비자에게 안전하고 깨끗한 제품을 공급하기 위한 시스템적인 규정은?

① CGMP 　　　　② 이력추적제
③ FTA 　　　　④ HACCP

16 다음 상황과 관련된 사자성어는?

> 조개가 강변에 나와 입을 벌리고 햇볕을 쪼이고 있는데, 도요새가 날아오더니 조갯살을 쪼아 먹으려 했다. 깜짝 놀란 조개가 입을 다물었고, 그 바람에 도요새 부리는 조개 속에 끼고 말았다. 당황한 도요새는 조개에게 이대로 계속 있으면 햇볕에 바짝 말라 죽을 것이라고 하였고, 조개는 도요새에게 내가 놓아주지 않으면 굶어 죽을 것이라고 말했다. 조개와 도요새가 서로 버티는 사이 어부가 이 광경을 보고 조개와 도요새를 한꺼번에 잡아 갔다.

① 首丘初心　　　② 馬耳東風
③ 漁父之利　　　④ 刻舟求劍

17 스팸 검사에서 정상 이메일을 스팸으로 잘못 식별하는 것을 일컫는 용어는?

① 부정 오류　　　② 긍정 오류
③ 제1종 오류　　　④ 콩코드 오류

18 다음 설명에 해당하는 것은?

> 네트워크에 참여하는 모든 사용자가 관리 대상이 되는 모든 데이터를 분산하여 저장하는 데이터 분산처리기술로, 누구나 열람할 수 있는 장부에 투명하게 기록할 수 있어 '공공거래장부'라고도 한다.

① 비트코인　　　② 프로시저
③ 블록체인　　　④ 가상화폐

19 다음 관광객이 즐기는 카지노 게임은?

> 내가 선택한 플레이어 카드 두 장의 합이 9이고, 딜러의 뱅커 카드 두 장의 합이 8이어서 내가 배팅한 금액의 당첨금을 받았다.

① 바카라　　　② 블랙잭
③ 다이사이　　　④ 룰렛

20 오스카 와일드의 소설에서 유래한 것으로 나이가 들면서 자신이 늙어가는 것을 견디지 못하는 정신질환을 일컫는 말은?

① 리플리 증후군
② 스톡홀름 증후군
③ 도리안 그레이 증후군
④ 살리에리 증후군

21 주가지수선물, 주가지수옵션, 개별주식옵션, 개별주식선물의 만기일이 겹치는 날로, 주식시장에 매물이 쏟아져 나와 투자 심리가 위축되고 어떤 변화가 일어날지 예측할 수 없어 혼란스럽다는 의미에서 파생된 이 용어는?

① 쿼드러플 위칭데이
② 트리플 위칭데이
③ 사이드 카
④ 서킷 브레이커

22 부실기업을 저가로 인수해 인원정리, 부동산매각, 유상증자 등의 구조조정을 통해 자산구조를 개선한 후에 고가로 되팔아 수익을 내는 기업구조조정펀드는?

① 뮤추얼펀드　　　② 인덱스펀드
③ 헤지펀드　　　④ 벌처펀드

23 미국에서 귀국한 서재필에 의해 1896년 창간되었던 우리나라 최초의 민영 일간지로, 국문판과 영문판으로 출간되었다. 신문의 중요성을 일반에 널리 인식시켜 이후 여러 민간 신문이 창간되는 계기가 된 이 신문은?

① 한성순보　　　② 독립신문
③ 매일신문　　　④ 제국신문

24 일본에서 주창된 것으로 농사를 짓지만 농사에 올인하지 않고 반은 다른 일을 하며 사는 라이프스타일을 칭하는 용어는?

① 노멀크러시　　　② 소확행
③ 킨포크 라이프　　　④ 반농반X

25 다음의 개념과 관련된 용어는?

일단 인프라가 구축되고 나면 상품이나 서비스의 생산원가는 급속한 속도로 감소하게 되어(한계비용체감) 실제로 0에 가까워지기 때문에 무료로 서비스를 제공할 수 있다.

① 프리코노믹스
② 시티노믹스
③ 웨버노믹스
④ 위키노믹스

26 다음 설명에 해당하는 것은?

경기과열 또는 경기침체에 대응하는 정부의 시장개입이 섣부를 경우 발생하는 역효과를 경고하는 말

① 방 안의 코끼리
② 샤워실의 바보
③ 회색코뿔소
④ 검은 백조

27 다음 중 나이를 나타내는 한자어가 잘못 연결된 것은?

① 이순 – 70살
② 지천명 – 50살
③ 이립 – 30살
④ 불혹 – 40살

28 외래어 표기가 모두 옳은 것은?

① 뷔페 – 초콜렛
② 컨셉 – 서비스
③ 파이팅 – 악세사리
④ 플래카드 – 캐럴

29 다음에서 설명하는 용어는 무엇인가?

각국은 자국에 상대적으로 풍부한 부존요소를 집약적으로 사용하는 재화생산에 비교우위가 있다. 즉, 노동풍부국은 노동집약재에 비교우위가 있고 자본풍부국은 자본집약재 생산에 비교우위가 있다.

① 헥셔-올린 정리
② 요소가격균등화 정리
③ 스톨퍼-사무엘슨 정리
④ 립진스키 정리

30 디즈니가 소유한 스튜디오가 아닌 것은?

① 모션 픽처스
② 20세기 스튜디오
③ 소니 픽처스
④ 마블

31 세계에서 가장 많이 쓰이는 정맥 주사용 마취제로, 수면 내시경이나 간단한 성형수술의 경우에 주로 사용되는 의약품으로서 우윳빛을 띠고 있어 일명 우유주사라고도 불리는 이것은 무엇인가?

① 프로폴리스
② 프로포폴
③ 졸레틸
④ 필로폰

32 다음 그림이 그려진 시기에 대한 설명으로 옳지 않은 것은?

비온 뒤 안개가 피어오르는 인상적 순간을 포착하여 그 느낌을 잘 표현하였다. 산 아래에는 나무와 숲, 그리고 자욱한 안개를 표현하고 위쪽으로 인왕산의 바위를 가득 배치하였다. 산 아래는 위에서 내려다보는 시선으로 그리고, 산 위쪽은 멀리서 위로 쳐다보는 시선으로 그려 바로 앞에서 바라보는 듯 한 생생한 현장감을 주고 있다.

① 서얼의 중앙관직 진출이 제한되었다.
② 양반의 수는 늘어나고 상민의 수는 감소하였다.
③ 중인층은 철종 때 소청운동을 하였으나 성공하지 못하였다.
④ 약 6만여명의 공노비의 신분해방이 이루어졌다.

33 다음 제시문에서 설명하고 있는 용어는?

> 미국의 경영학자 메러디스 벨빈이 「팀 경영의 성공과 실패」라는 책을 통해 이 신드롬을 처음 소개했으며 한국에서는 「팀이란 무엇인가」라는 제목으로 출판됐다. 일반인보다 뛰어나고 우수한 인재 집단은 어렵고 복잡한 일을 쉽게 해결하고 높은 성과를 낼 것이라는 기대와는 달리 이에 미치지 못하는 성과를 냈다. 벨빈은 이 실험을 통해 뛰어난 인재가 모이는 것보다 팀워크가 훨씬 중요하다는 결론을 내렸다.

① 갈라파고스 신드롬

② 아폴로 신드롬

③ 필패 신드롬

④ 스탕달 신드롬

34 본래 뜻과는 다르게 경제 분야에서는 작은 위기 요인들이 모여서 세계 경제가 동시에 위기에 빠져 대공황이 초래되는 상황으로 쓰인다. 이 용어는 무엇인가?

① 재정절벽   ② 퍼펙트스톰

③ 스태그네이션   ④ 서브프라임모기지

35 특정 품목에 대해서 관세를 부과할 때, 정해진 물량까지는 저율 관세를 부과하고 이를 초과할 시 고율 관세를 부과하는 관세제도는?

① 세이프가드   ② 상계관세

③ TRQ   ④ 긴급수입제한조치

36 다음에서 설명하는 학자가 저술한 책이 아닌 것은?

> 조선 후기의 실학자로 18세기 말 정조 때 벼슬을 하였으나, 전라도 강진에 유배되어 자신의 학문을 연마해 18년 동안 모두 500여 권에 이르는 방대한 저술을 남겼다.

① 경세유표

② 목민심서

③ 흠흠심서

④ 반계수록

37 우리나라 어린이보호구역의 제한 운행 속도는 시속 몇 km인가?

① 20km   ② 25km

③ 30km   ④ 35km

38 스마트폰, 태블릿PC 등의 기기를 통해 사용자의 현실 세계에 3차원의 가상물체를 겹쳐 하나의 영상으로 보여주는 기술을 일컫는 용어는?

① VR   ② MR

③ AR   ④ PR

39 우리나라 민속놀이인 사물놀이에 쓰이는 악기가 아닌 것은?

① 소고   ② 꽹과리

③ 장구   ④ 징

40 호경기에는 소비재의 수요 증가로 인하여 상품의 가격이 상승하게 되는데, 이때 가격 상승의 폭이 노동자의 임금 상승의 폭보다 커서 노동자의 임금이 상대적으로 저렴해지는 효과가 나타난다. 이와 관련된 효과는?

① 전시효과

② 리카도 효과

③ 톱니효과

④ 베블렌 효과

서 원 각

www.goseowon.com

전라남도
지방공공기관

직원 통합 채용시험

정답 및 해설

SEOWONGAK
(주)서원각

1 ②

신종 코로나바이러스(2019-nCoV) ··· 2019년 12월 중국 우한시에서 발생한 집단 폐렴의 원인 바이러스로, 인체 감염 7개 코로나바이러스 중 하나이다. WHO(세계보건기구)는 우한 폐렴의 원인이 신종 코로나바이러스로 확인됐다고 밝히면서 우한 폐렴이 인간 대 인간으로 전염될 가능성을 완전히 배제할 수 없다고 밝혔다.

2 ③

글램핑(glamping)은 화려하다(glamorous)와 캠핑(camping)을 조합해 만든 신조어로 필요한 도구들이 모두 갖춰진 곳에서 안락하게 즐기는 캠핑을 말하는데 북미·유럽 등에선 이미 부유층의 여가 트렌드로 정착했다.
① 비부악(bivouac) : 등산 시 악천후나 사고가 발생하여 계획하지 못했던 장소에서 불가피하게 이루어지는 야영
② 오토캠프(autocamp) : 호텔·여관 등을 이용하지 않고 텐트나 간이 숙박시설을 이용해서 경관을 즐기면서 자동차로 여행하는 일 또는 그 숙박시설
④ 반더포겔(Wandervogel) : 독일어로 '철새'라는 뜻이며, 철새처럼 산과 들을 돌아다니며 심신을 다지는 일을 목적으로 한다. 독일에서는 청년들이 낯선 지방을 순회하면서 견문과 체험을 쌓아, 인간적인 성장을 꾀하려 했던 도보여행이 성행하고 있다. 1897년에 만들어진 도보여행 단체는 청년들의 호응을 얻어, 독일 안에 그와 같은 종류의 여러 단체가 조직되기에 이르렀다.

3 ①

난로(stove) 주변에 둘러앉아 언쟁을 벌이는 모습이 마치 실제 리그를 보는 듯하다 해서 생겨난 용어이다.

4 ④

인스타그램(Instagram)은 이용자들이 다른 이용자들과 사진을 공유할 수 있는 이미지 공유 SNS(소셜 네트워크 서비스)로 전 세계적으로 큰 인기를 끌고 있다. 사진에는 다양한 필터 효과를 적용할 수 있으며, 폴라로이드 모양(정사각형)의 사진 크기를 사용하는 것이 특징이다. 영어뿐 아니라 한국어, 이탈리아어, 스페인어, 중국어, 일본어, 독일어, 프랑스어 등을 지원하고 있다.
① 페이스북(Facebook) : 미국의 유명 소셜 네트워크 서비스 웹사이트로, 2004년 2월 4일 개설하였고 한국의 싸이월드와 유사한 서비스를 제공
② 텀블러(Tumblr) : 블로그와 소셜 네트워크 서비스를 결합한 마이크로 블로그 플랫폼
③ 링크드인(Linked-in) : 기업들이 신규시장 개척과 바이어 발굴 등에 주로 활용하는 세계 최대 비즈니스 전문 SNS

5 ②

미세먼지 예보등급

예보구간		등급			
		좋음	보통	나쁨	매우나쁨
예측농도 ($\mu g/m^2$, 1일)	PM_{10}	0~30	31~80	81~150	151 이상
	$PM_{2.5}$	0~15	16~35	36~75	76 이상

6 ④

④ 주먹도끼, 찌르개 등을 이용하여 사냥한 시기는 구석기시대이다.

7 ④

타알(Taal) 화산은 필리핀 루손섬 남부에 있는 타알 호수 안에 위치한 활화산으로, 고화된 용암과 화산재들이 층층이 쌓여 만들어지는 원뿔형 화산(성층화산)이다.
① 시나붕 화산 - 인도네시아
② 보로슬로프 화산 - 미국 알래스카
③ 에트나 화산 - 시칠리아

8 ②

문제는 드론에 대한 설명이다. 드론은 조종사 없이 비행 및 조종이 가능한 군사용 무인항공기를 총칭하는 것으로 용도는 산업부터 군사용까지 다양하다.
① 비조 : 우리나라의 무인기로 2000년에 성공적으로 개발된 군사용 무인기
③ THAAD : 군사기지를 적의 미사일 공격으로부터 보호할 목적으로 제작된 공중방어시스템
④ 틸트로터 항공기 : 헬리콥터처럼 떠서 비행기처럼 날아가는 축소형 스마트 무인 항공기

9 ③

대화 속에서 甲은 경력 개발이나 고액 연봉을 위해 2~3년 단위로 직장을 옮기고 있다. 이러한 사람들을 일컬어 잡호핑(job hopping)족이라고 한다.
① 예티(YETTIE)족 : 젊고(Young) 기업가적(Entrepreneurial)이며 기술에 바탕을 둔(Tech based) 인터넷 엘리트(Internet Elite)의 머리글자를 딴 것이다.
② 엠니스(Mness)족 : 남성을 뜻하는 영어 단어 Man의 'M'에 어떠한 성질이나 상태를 나타내는 '-ness'를 결합한 신조어로, 남성의 특징으로 여겨지던 힘과 명예 등의 특성에 소통, 양육 등 여성적인 요소를 조화시킨 남성상을 의미한다.
④ 월급루팡 : 회사에서 하는 일 없이 월급만 축내는 직원을 일컫는 말로, '월급'과 도둑의 대명사인 프랑스 괴도소설의 주인공 '루팡'을 결합한 단어이다.

10 ①

① 건수를 기준으로 규제를 관리하는 것은 기존의 '규제총량제'다.

※ **규제비용총량제** … 새 규제를 만들 때 상응하는 비용의 기존 규제를 철폐하는 제도를 말한다. 만일 1억의 비용을 수반하는 규제를 신설한다면 동일한 비용이 발생하는 다른 규제를 없애서 비용의 합을 맞춰야 한다.

11 ①

조지워싱턴대 경영학과 교수 제리 B. 하비(Jerry B. Harvey)가 자신의 논문에서 설명한 현상으로, 집단 내 구성원들이 집단의 의견에 반대하는 것을 잘못이라고 생각해 자신의 의사와는 다른 결정에 마지못해 찬성하는데, 알고 보면 다들 같은 생각으로 원치 않는 결정을 내린 것이라 모두가 원하지 않는 방향으로 결정이 이루어지는 역설적인 상황을 뜻한다.

12 ②

유동성 함정이란 정부가 통화량, 즉 유동성을 늘려도 금리가 매우 낮은 상태에서는 개인이나 기업들이 현금을 보유하려 하고 소비나 투자를 하지 않는 현상을 말한다.

13 ①

웨일(Whale)은 2016년 네이버 개발자 컨퍼런스 '데뷰 2016'에서 처음 공개된 웹브라우저로, 구글의 오픈소스 '크로미엄'을 기반으로 만들어졌으며 옴니태스킹을 지원한다.

14 ③

인포데믹(infodemic)은 정보(information)와 전염병(endemic)의 합성어로, 잘못된 정보나 악성루머들이 SNS 등을 통해 매우 빠르게 퍼져나가는 모습이 전염병과 같다고 하여 생겨난 용어이다. 우리말로는 정보전염병이라고 할 수 있다.
① 미닝아웃(meaning out) : 자신의 정치·사회적 신념이나 가치관을 소비를 비롯한 다양한 형태로 드러내는 것을 말한다.
② 스티커쇼크(sticker shock) : 기대 이상의 비싼 가격으로 받는 소비자의 충격을 지칭하는 용어이다.
④ 루머트리지(rumortrage) : 소문(romor)과 차익거래라(arbitrage)의 합성어로, 상장 기업의 주식을 빌려 산 뒤 악성 소식을 퍼뜨려 주가 하락을 유도하고, 주가가 내린 후 싼 가격에 상환해 차익을 얻는 행위를 일컫는다.

15 ②

청년 농부나 젊은 귀농인들이 유튜브에 자신들이 촬영한 농사 영상을 올리면서 소비자와의 직거래를 통해 고소득을 창출하고 있다.

16 ③

스트라이샌드 효과 … 온라인상에 있는 어떤 정보를 삭제하거나 숨기려다가 오히려 사람들의 관심을 끌게 되어 원래의 의도와는 반대로 그 정보의 확산을 가져오는 역효과를 말한다.

17 ①

미국레코드예술과학아카데미에서 주최하는 음반업계 최고 권위의 상인 그래미 어워드는 영화의 아카데미라고도 불린다. 방탄소년단은 2019년 그래미 어워드의 시상자로 참석한 데 이어 2020년에는 공연을 펼치게 되었다.

18 ④

덤 머니(dumb money)는 전문성이 상대적으로 결여된 개인 투자자의 자금을 일컫는 용어로, 금융 시장에 대한 이해도가 높은 기관 투자자나 규모가 큰 개인 투자자의 자금을 의미하는 스마트 머니(smart money)와 반대되는 개념이다.
① 소프트 머니
② 스마트 머니
③ 러브 머니

19 ②

㉠, ㉢, ㉣은 영조가 실시한 정책, ㉡, ㉤은 정조가 실시한 정책이다.

20 ②

쇼루밍(showrooming)족이란 오프라인 매장에서 제품을 직접 만져보고 확인한 후 온라인을 통해 가격을 비교하고 가장 저렴하게 판매하는 사이트에서 물건을 구매하는 사람들을 뜻한다.

① 그루밍족 : 패션과 미용에 아낌없이 투자하는 남자들을 일컫는 신조어이다.
③ 노무족 : No more Uncle의 약자(NOMU)로, 젊은 외모와 자유로운 사고를 지향하는 40~50대의 남성들을 지칭한다.
④ 루비족 : 신선함(Refresh), 비범함(Uncommon), 아름다움(Beautiful), 젊음(Young)의 단어의 머리글자를 따서 조합한 말로, 평범한 아줌마를 거부하는 40~50대 여성을 일컫는다.

21 ②

컨벤션 효과(convention effect) … 전당대회나 경선대회 같은 정치 이벤트에서 승리한 대선후보 또는 해당 정당의 지지율이 전에 비해 큰 폭으로 상승하는 효과를 의미하는 것으로, 전당대회 효과라고도 한다.

22 ④

제시된 내용은 화폐 단위를 변경하는 일인 리디노미네이션(redenomination)에 대한 설명이다.

23 ①

M&A에 성공한 기업이 주가가 떨어지거나 경영이 어려워지는 등의 후유증을 겪는 것을 말하는 용어로 미국의 행동경제학자인 리처드 세일러의 「승자의 저주(The Winner's Curse)」(1992)를 통해 널리 알려졌다. M&A 과정에서 공격하는 기업이 인수하려는 기업을 시장가치보다 더 비싸게 샀는데 그 거품이 빠지면서 주로 발생한다.

24 ②

우리나라 증시 정규 거래시간은 09:00~15:30이다. 단, 1월 2일은 10:00~15:30이다.

25 ①

블랙베리증후군(BlackBerry Thumb) … 과도하게 문자를 보내고 답하느라 팔이 저리고 엄지나 약지, 중지 등이 무기력해지는 일종의 디지털 질병

26 ①

단순노출 효과라고도 하는 에펠탑 효과에 대한 설명이다.

27 ④

일단 지출하고 나면 회수할 수 없는 비용으로 함몰비용이라고도 한다. 기업의 광고비용이나 R&D 비용 등이 이에 해당한다.

28 ④

지구 온난화의 영향으로 우리나라 근해에서는 명태, 대구와 같은 한류성 어족의 어획량이 감소하고 있다.

29 ②

② 삼성라이온즈의 상징은 사자이다. 곰은 두산베어스의 상징이다.

30 ③

③ 水魚之交(수어지교) : 물과 물고기의 관계라는 뜻으로, 서로 떨어질 수 없는 매우 친밀한 사이를 비유적으로 이르는 말

① 近墨者黑(근묵자흑) : 먹을 가까이 하면 검어진다는 뜻으로, 나쁜 사람과 가까이 하면 나쁜 버릇에 물들게 됨을 이르는 말

② 靑出於藍(청출어람) : 쪽에서 뽑아낸 푸른 물감이 쪽보다 더 푸르다는 뜻으로, 제자가 스승보다 나음을 비유적으로 이르는 말

④ 臥薪嘗膽(와신상담) : 거북한 섶에 누워 자고 쓴 쓸개를 맛본다는 뜻으로, 원수를 갚으려 하거나 실패한 일을 다시 이루고자 굳은 결심을 하고 어려움을 참고 견디는 것을 이르는 말

31 ①

파노플리 효과(Panoplie effect)는 1980년대 프랑스의 사회학자 보드리야르가 밝힌 개념이다. 보드리야르는 소비자가 물건을 구매하는 행위에도 한 사람의 이상적 자아가 반영된다고 언급하며 신분상승의 욕구가 소비를 통해 나타난다고 보았다.

② 베블렌 효과 : 가격이 오르는 데도 불구하고 수요가 증가하는 효과

③ 자이가르닉 효과 : 마치지 못한 일을 마음속에서 쉽게 지우지 못하는 현상

④ 마태 효과 : 부자는 더욱 부자가 되고, 가난한 자는 더욱 가난해지는 현상

32 ③

미국 공화당의 상징은 코끼리인데, 코끼리의 위엄과 강인함, 높은 지능을 강조한다. 가네샤는 인간의 몸에 코끼리의 머리를 가진 인도의 신이다.

※ 참고로 미국 민주당의 상징은 당나귀이다.

33 ③

'블러(blur)'는 '흐릿해지다'는 뜻으로 'big'과 결합하여 큰 산업 간의 경계가 모호해 지는 현상을 말한다. 1999년 스탠 데이비스가 그의 저서 『블러 : 연결 경제에서의 변화의 속도』에서 사용하면서 널리 퍼졌다.

34 ②

① 법썩 → 법석

③ 오뚜기 → 오뚝이

④ 더우기 → 더욱이

35 ②

머신러닝은 컴퓨터에게 인간이 먼저 다양한 정보를 입력하여 학습하는 것을 가르치고 그것을 학습한 결과에 따라 컴퓨터가 새로운 것을 예측하는 것이다. 딥러닝은 머신러닝보다 한 단계 더 나아가 인간이 학습하는 것을 가르치지 않아도 스스로 해낸 후 미래의 상황을 예측한다는 차이가 있다.

36 ④

Shift + Delete를 사용하여 파일을 삭제하면 휴지통에 보관되지 않고 바로 삭제된다.

37 ②

김원봉은 3·1 운동이 일어났던 1919년 중국으로 망명해 13명의 청년들과 함께 의열단을 만들고 단장이 되었다. 의열단은 이듬해부터 국내에 들어와 일제의 높은 관리들과 친일파를 암살하거나 관청을 폭파하는 등 무장투쟁을 전개하였다.

38 ①

① PB(Private Brand) : 제조 설비를 가지지 않은 유통 전문 업체가 개발한 브랜드
② NB(National Brand) : 제조업체 브랜드
④ CVS(convenience store) : 편의점

39 ③

미국의 금리가 인상될 경우, 미국 달러의 가치가 증가하여 원달러 환율이 오르게 된다. 또한 미국 금리가 인상되면서 우리나라에 투자했던 달러들이 다시 미국으로 몰려가 외환보유가 줄게 되는데 이를 유지하기 위해서는 국내 금리가 인상될 가능성이 커진다. 국내 금리가 인상될 경우 예금이 증가하고 대출이 감소하며, 투자도 감소하게 된다.

40 ④

④ 택시운전사는 실화를 모티브로 한 영화(감독)로 원작이 있는 것은 아니다.
① 프랑스 만화 'Le Transperceneige'가 원작이다.
② 길리언 플린의 동명 소설이 원작이다.
③ 댄 브라운의 동명 소설이 원작이다.

1 ②

2021년은 신축년(辛丑年)으로 육십간지 중 38번째인 '하얀 소'의 해이다.

2 ②

전시 또는 레저를 목적으로 동물을 사냥해 박제 등을 수집하고 기념하는 활동을 트로피 헌팅이라고 하고, 이를 즐기는 사람들을 트로피 헌터라고 한다.

3 ③

호르무즈 해협은 이란과 아라비아반도 사이에 페르시아만과 오만만을 잇는 좁은 해협으로 중동 산유국의 중요한 원유 수송로이다. 이란과 미국 사이의 긴장감이 높아지면서 미국은 우리나라가 IMSC(국제해양안보구상 · 호르무즈 호위연합)에 참여하길 희망했지만, 우리 정부는 청해부대가 미군과는 별개로 독자 작전을 수행하는 '독자 파견' 형태를 취했다.

4 ④

연동형 비례대표제가 정당의 득표율에 연동해 의석을 배정하는 방식인 것에 비해, 선거법 개정안에 담긴 제도는 정당 득표율에 50%만 연동한 것이어서 준연동형 비례대표제라고 한다.

5 ④

비파형 동검과 고인돌의 발견 지역이 상당 부분 일치하고 있고, 이들은 고조선의 영역을 알려주는 유물로 여겨진다.

6 ②

김현희는 대한항공 KAL기 폭파 사건의 범인으로 범행 후 자백하여 사형 판결을 받았지만 사면되었고 현재 우리나라에서 일반인으로 살아가고 있다.

7 ①

데카르트 마케팅(techart marketing)은 테크(tech)와 아트(art)의 만남으로 널리 알려진 예술가 또는 디자이너의 작품을 제품 디자인에 반영해 브랜드 이미지를 높이는 마케팅 전략을 말한다.

8 ③

심신(心腎)증후군은 우리 몸의 혈액순환에 핵심적인 역할은 하는 심장과 신장이 서로 영향을 미쳐 한 쪽이 나빠지면 다른 한 쪽도 같이 나빠지는 것을 의미한다.

9 ④

강강술래(2009), 아리랑(2012), 줄타기(2011), 씨름(2018)은 유네스코 무형문화유산에 등재되어 있다.

10 ④

FANG은 페이스북(Facebook), 아마존(Amazon), 넷플릭스(Netflix), 구글(Google) 등 4개 기업을 가리킨다.

11 ①

① 志學(지학) : 15세
② 古稀(고희) : 70세
③ 知天命(지천명) : 50세
④ 而立(이립) : 30세
⑤ 不惑(불혹) : 40세

12 ④

④ 세계 최초의 고속철도는 1964년에 개통된 일본의 신칸센이다. 이후 프랑스(TGV), 독일(ICE), 스페인(AVE) 등이 차례로 고속철도를 개통하였다.

13 ④

타운홀미팅(town hall meeting) … 책결정권자 또는 선거입후보자가 주민들을 초대해 주요 정책 또는 이슈에 대하여 설명하고, 의견을 듣는 비공식적 공개 회의를 말한다.

14 ②

① **베르테르 효과** : 유명인이나 자신이 모델로 삼고 있던 사람 등이 자살할 경우, 이를 동일시하여 자살을 시도하는 현상

③ **나비 효과** : 아주 작은 사건 하나가 그것과는 별반 상관없어 보이는 곳까지 영향을 미친다는 이론

④ **피그말리온 효과** : 누군가에 대한 사람들의 믿음이나 기대가 그대로 실현되는 현상

15 ④

재스민 혁명은 2010년 12월 튀니지에서 발생한 민주화 혁명이다.

① **캐리람** : 2017년 7월부터 제5대 홍콩 행정장관을 맡고 있는 정치인이다.

② **우산 혁명** : 2014년 중국에 민주적인 선거를 요구하며 일어난 홍콩 민주화 시위로, 최루탄과 물대포를 쏘아 대는 경찰의 강제 진압에 시민들이 우산으로 맞서 우산 혁명이라 불린다.

③ **복면금지법** : 홍콩 법원은 시위대의 마스크 착용을 금지한 복면금지법이 헌법인 기본법 규정에 어긋난다며 위헌이라고 판결했다.

16 ①

아이스 버킷 챌린지 … 근위축성 측색 경화증(루게릭병)에 대한 관심을 환기하고 기부를 활성화하기 위해 한 사람이 머리에 얼음물을 뒤집어쓰거나 기부금을 내는 방식으로 이루어진 사회 운동으로 릴레이 형식으로 진행된다.

17 ①

우리나라 대통령의 임기가 5년인 것과 다르게 미국 대통령의 임기는 4년으로 재선이 가능하다. 참고로 상원의원의 임기는 6년, 하원의원의 임기는 2년이다.

18 ④

㉠ 한국 · 북한 UN 동시가입(1991.9.18)

㉡ 금융실명제(1993)

㉢ 반민족 친일행위자 처단법(1948. 제정)

㉣ 6 · 15 남북 공동선언(2000)

㉤ 최초 이산가족 상봉(1985.9)

19 ③

다보스 포럼이라고도 불리는 세계경제포럼은 매년 1~2월 스위스의 다보스에서 개최된다.

20 ②

트윈슈머(Twinsumer) … 쌍둥이라는 뜻의 '트윈(Twin)'과 소비자를 의미하는 '컨슈머(Consumer)'의 합성어이다. 유사한 성향과 소비패턴을 가지고 있는 소비자들로, 인터넷에 올라온 제품 사용후기를 참고하여 평가하고 이것이 구매로 연결된다.

① **리뷰슈머** : 리뷰(Review)와 컨슈머(Consumer)의 합성어로 제품을 써보고 온라인상에 품평을 올려 다른 사람들의 소비 결정에 큰 영향을 미치는 소비자 집단을 말한다.

③ **모디슈머** : 제품을 제조사에서 제시하는 표준방법대로 따르지 않고 자신만의 방식으로 재창조해 내는 소비자를 일컫는다.

④ **프로슈머** : '생산자'를 뜻하는 영어 'producer'와 '소비자'를 뜻하는 영어 'consumer'의 합성어로 소비는 물론 제품 개발과 유통과정에도 직접 참여하는 '생산적 소비자'를 지칭한다.

21 ④

제노비스 신드롬은 주위에 사람들이 많을수록 어려움에 처한 사람을 돕지 않게 되는 현상으로 방관자 효과라고도 한다.

① **다원적 무지** : 집단 구성원들의 대부분이 마음 속으로는 어떤 규범을 부정하면서, 다른 사람들은 그 규범을 수용하고 있다고 잘못 생각하는 현상

② **베블런 효과** : 가격이 오르는데도 수요가 줄지 않고 오히려 증가하는 현상

③ **아폴로 신드롬** : 뛰어난 인재들만 모인 집단에서 오히려 성과가 낮게 나타나는 현상

22 ④

제시문에 설명하고 있는 명절은 한식이다.

④ 단오에 대한 설명이다.

23 ④

사이버스쿼팅(cybersquatting) ··· 인터넷상의 컴퓨터 주소인 도메인을 투기나 판매 목적으로 선점하는 행위로 연예인이나 유명 단체의 이름을 딴 도메인을 등록해 놓고 높은 가격으로 되파는 행위를 말한다.

24 ②

경제활동인구는 만 15세 이상의 생산활동가능인구 중 수입이 있는 질에 종사하고 있거나 취업을 하기 위하여 구직활동 중에 있는 사람을 말한다. 한 나라의 잠재노동력을 나타내는 개념으로 경제활동인구에서 취업자 수를 빼면 실업자 수가 된다.

25 ①

린 스타트업(lean startup) ··· 미국 실리콘밸리의 벤처 연구가 에릭리스가 개발한 개념이다. 모든 기업들이 직면한 극도의 불확실성을 극복하는 방법으로 생산적 실패를 거듭하면서 시장의 피드백에 맞춰서 테스트와 수정을 계속해 나가야 한다는 것이 전략의 핵심이다.

26 ④

청와대 국민청원에서 관계자의 답변을 얻기 위해서는 30일 이내에 20만 명 이상의 추천을 얻어야 한다.

27 ④

루블(RUB)은 러시아의 화폐단위이다. 카타르, 이란, 사우디아라비아, 오만, 예멘 등은 리알을 사용한다. 아르헨티나, 칠레, 콜롬비아, 필리핀 등은 페소를 사용한다.

28 ③

그리스의 역사가 투키디데스가 펠로폰네소스 전쟁을 급격히 부상하던 아테네와 이를 견제하려는 스파르타가 빚어낸 구조적 긴장의 결과라고 설명하면서 이러한 관계를 '투키디데스 함정'이라고 명명하였다.

29 ④

제시된 지문은 청동기 시대의 고인돌에 관한 설명이다.

① 구석기 ② 신석기 ③ 철기

30 ④

④ 마사이 족 남성의 3단계 통과의례는 무형유산에 해당한다.

① 터키, ② 대한민국, ③ 독일의 세계문화유산이다.

31 ④

④ 감사원의 역할이다.

※ **헌법 제111조 제1항** ··· 헌법재판소는 다음 사항을 관장한다.

　㉠ 법원의 제청에 의한 법률의 위헌여부 심판

　㉡ 탄핵의 심판

　㉢ 정당의 해산 심판

　㉣ 국가기관 상호간, 국가기관과 지방자치단체간 및 지방자치단체 상호간의 권한쟁의에 관한 심판

　㉤ 법률이 정하는 헌법소원에 관한 심판

32 ④

4세기 백제의 근초고왕의 한강점령 후 5세기 고구려 광개토 대왕의 백제 공격으로 한강 이북 지역을 차지하였다. 이어 장수왕이 남하정책을 통해 한강유역을 전체를 차지하였지만 6세기 신라의 진흥왕이 백제와 연합하여 고구려를 공격, 한강 상류를 장악하였고 백제와의 동맹을 깨고 백제의 지역인 한강 하류도 공격하여 신라가 모든 한강유역을 차지하고 통일하였다.

33 ③

③ 풍지박산은 사방으로 날아 흩어진다는 의미의 풍비박산(風飛雹散)의 잘못이다.

34 ②

㉠ 1997년
㉣ 2008년
㉡ 2010~2011년
㉢ 2016년

35 ①

낙전수입에 대한 설명이다. 정액 상품에서 구매자가 제공량을 다 쓰지 않아 떨어지는 부가수입을 말하는 것으로 최근에는 소셜커머스에서도 낙전수입 논란이 일고 있어 공정거래위원회가 '소셜커머스 미사용 쿠폰 환불제'를 도입했지만 환불이 불가능한 쿠폰이 여전히 많아 실효성 논란이 일고 있다.

36 ②

모두스 베벤드(Modus Vivendi)는 '생활방식'이라는 의미의 라틴어로 국제법상 분쟁해결을 위하여 당사자 간에 편의적으로 체결되는 잠정적 협정이나 일시적 합의사항을 말한다.

37 ①

포지티브시스템(positive system) … 수출입공고방법 중 하나로 수출·수입이 원칙적으로 금지된 무역형태에서가능품목을 공고하고 예외적으로 특정상품만 허용하는 제도이다.

38 ③

2020년 현재 우리나라 국회의원의 총 의석 수는 300석으로 이중 지역구 수가 253석, 비례대표 수가 47석을 차지한다.

39 ①

라가치상(Ragazzi Award) … 볼로냐아동도서전 기간에 픽션·논픽션·뉴 호라이즌·오페라 프리마 등 4개 부문으로 나뉘 책 내용은 물론, 디자인·편집·장정의 수준과 창의성, 교육적·예술적 가치를 평가대상으로 삼아 뛰어난 작품을 낸 작가와 출판사를 선정하여 각 부문에서 대상과 우수상을 수상한다.
② 케이트 그리너웨이상 : 영국도서관협회에서 제정한 아동문학상
③ 국제안데르센상 : 아동문학의 발전과 향상을 위하여 창설된 상으로 격년제로 시상되는 국제적인 아동문학상
④ 카스테로상 : 이탈리아에는 1950년에 제정한 아동문학상

40 ③

대한민국 F 비자
㉠ F-1 : 방문동거   ㉡ F-2 : 거주
㉢ F-3 : 동반   ㉣ F-4 : 재외동포
㉤ F-5 : 영주   ㉥ F-6 : 결혼이민

1 ②

2021년 최저시급은 2020년 8,590원에서 1.5% 인상된 8,720원이다.

2 ②

이세돌 9단은 "일인자가 되어도 이길 수 없는 존재 (AI)가 있다는 게 은퇴의 가장 큰 이유가 아닌가 생각한다"면서 국산 바둑 AI 한돌과의 대국을 끝으로 프로기사 생활을 마감했다.

3 ④

통도사(경상남도 양산시), 부석사(경상북도 영주시), 봉정사(경상북도 안동시), 법주사(충청북도 보은군), 마곡사(충청남도 공주시), 선암사(전라남도 순천시), 대흥사(전라남도 해남군)로 우리나라 전국에 걸쳐 분포하고 있다.

4 ④

오팔(OPAL)은 'Old People with Active Life'의 앞글자를 딴 신조어로, 은퇴를 한 후 새로운 일자리를 찾고 여가 활동을 즐기면서 젊은이들처럼 소비하며 새로운 소비층으로 부각되고 있는 5060세대를 일컫는다.

5 ②

디플레이션은 통화량의 축소에 의해 물가가 하락하고 경제활동이 침체되는 현상을 말한다.

6 ③

『서유견문』을 지은 유길준에 대한 설명이다.

7 ③

① 법흥왕에 의해 복속된 것은 금관가야이다. 대가야가 병합된 것은 562년 진흥왕 때이다.
② 우산국 복속은 신라 내물왕이다.
④ 가야는 지역적으로 백제와 신라의 중간에 있어 이들의 압력을 받았기 때문에 연맹국가의 단계에서 신라에 복속되었다.

8 ②

사이버불링은 SNS, 모바일 메신저 등의 사이버 공간에서의 집단 따돌림이나 괴롭힘(bullying)을 뜻하는 용어이다.

9 ①

그레이스완에 대한 설명으로, 테러 공포, 사이버 전쟁 확산, 유동성 고갈, 신흥시장 위기, 지정학적 불안 등이 대표적인 그레이스완에 해당한다.

10 ③

베피콜롬보(BepiColombo)는 일본항공우주연구개발기구(JAXA)와 유럽우주기구(ESA)가 공동 개발한 수성 탐사선으로, 2018년 10월 19일 프랑스령 기아나 우주센터에서 아리안5 로켓에 탑재돼 발사됐다. 2025년 무렵 수성 궤도에 진입하여 수성 지표면과 광물, 대기, 자기장, 입자를 측정하는 임무를 수행하게 된다.

11 ②

2022년 11월 21일부터 12월 18일까지 열리는 2022년 FIFA 월드컵 개최국은 카타르이다.

12 ③

③ 시가 9억 원 이하의 주택만 신청할 수 있다.

13 ④

④ 크론병은 소화관의 어느 부위에서나 발생하는 만성 염증성 질환이다.

14 ③

베네딕트 컴버배치가 연기한 닥터 스트레인지에 대한 설명이다.

15 ④

7 + 3 + 0 = 10이다.

16 ④

①②③ 신석기 시대의 유물·유적에 해당한다.

17 ③

적혈구, 백혈구, 혈소판과 같은 세포성분의 비율이 40~45% 정도이며, 나머지는 액체 성분인 혈장으로 구성돼 있다.

18 ②

완생(完生)에 대응하는 용어인 미생(未生)에 대한 설명이다.

19 ①

① **반달리즘** : 문화유산이나 예술, 공공시설, 자연경관 등을 파괴하거나 훼손하는 행위를 가리키는 말
② **쇼비니즘** : 맹목적·광신적·호전적 애국주의
③ **엘리티즘** : 엘리트들이 사회의 높은 계층으로서 권력을 독점하고 지배하는 것
④ **다다이즘** : 제1차 세계대전 말엽부터 유럽과 미국을 중심으로 일어난 예술운동

20 ②

저도는 경상남도 거제시 장목면 유호리에 속해 있는 면적 43만 여㎡의 작은 섬이다.

21 ②

번들링(bundling) … 여러 상품을 하나로 결합하거나 묶어서 싼 가격에 공급하는 서비스

22 ②

붉은 깃발법은 영국은 마차 사업의 이익을 보호하기 위해 자동차의 도심 최고속도를 시속 3km로 제한하고, 붉은 깃발을 꽂은 마차가 보이면 자동차는 그 뒤를 따라가도록 하는 법이다. 이 법으로 인해 영국은 가장 먼저 자동차 산업을 시작했음에도 불구하고 독일이나 미국 등에 비해 뒤처지는 결과를 가져왔다.

23 ④

애그테크는 농업을 의미하는 'agriculture'와 첨단기술을 의미하는 'technology'가 결합된 신조어로 농업에 인공지능과 사물인터넷, 드론 등과 같은 첨단기술을 도입해 생산의 효율성을 도모하는 것을 말한다.

24 ②

하루 3시간, 1주일에 15시간 이상을 일하면 주휴일에는 일을 하지 않아도 1일분의 임금을 추가로 지급받을 수 있다.

25 ①

긱(gig)은 일시적인 일을 뜻하며, 1920년대 미국 재즈 클럽에서 단기적으로 섭외한 연주자를 '긱'이라고 부른 데서 유래하였다.

26 ④

농민의 생활 안정을 통해 궁극적으로는 지배 체제를 유지하기 위한 목적이다.

• **의창** : 평상시에 곡물을 비축해놓고 흉년에 빈민을 구제
• **상평창** : 물가 조절 기관
• **구제도감** : 병자와 빈민의 구제를 목적으로 설치한 임시기관
• **구급도감** : 백성의 재난을 구휼할 목적으로 설피한 임시관청
• **동서대비원** : 의료 중심의 구제기관

27 ④

①②③ 잠시 동안만 효력이 있을 뿐 궁극적인 해결책이 되지 않는 것을 이르는 말

④ **고육지책(苦肉之策)**: 자기 몸을 상해 가면서까지 꾸며 내는 계책이라는 뜻으로, 어려운 상태를 벗어나기 위해 어쩔 수 없이 꾸며 내는 계책을 이르는 말

28 ②

사우디아라비아에서 시행하고 있는 남성 후견인(마흐람) 제도로 여성은 이에 따라 여행, 교육, 취업, 결혼, 이혼 등을 할 때 반드시 마흐람의 허가를 받아야 한다.

29 ④

뇌신경을 모방해 인간 사고 과정과 유사하게 정보를 처리하는 기술로 기존 반도체 대비 전력 소모량이 1억분의 1에 불과하다.

30 ④

④ 제시된 내용은 윤창호법에 대한 설명이다. 하준이법은 2017년 서울랜드 놀이공원 주차장에서 육안으로도 구분하기 어려운 경사도로에서 굴러 내려온 차량에 당시 4살이었던 최하준 군이 치여 사망한 것을 계기로 발의된 주차장법 개정안과 도로교통법 개정안을 말한다.

31 ③

램프 증후군은 일어날 가능성이 거의 없거나 해결할 수 없는 일에 대하여 지나치게 걱정하고 불안해하는 현대인의 성향을 일컫는다.

32 ②

② 베트남의 수도는 하노이다.

33 ③

셰익스피어의 4대 비극은 햄릿, 오셀로, 리어왕, 맥베스가 해당한다.

34 ③

성주신은 집에 깃들어 집을 지키는 가신(집지킴이) 신들 중 우두머리격이다.

35 ③

'일제하 일본군위안부 피해자에 대한 보호·지원 및 기념사업 등에 관한 법률' 개정을 통해 정부가 지정한 일본군 '위안부' 피해자 기림의 날은 광복절 하루 전인 8월 14일이다.

36 ③

배심원은 만 20세 이상의 대한민국 국민 중에서 이 법으로 정하는 바에 따라 선정된다. 2019년 6월 수원지법 형사15부는 강제추행 혐의로 기소된 A씨의 국민참여재판 사건과 관련해 헌법재판소에 '국민의 형사재판 참여에 관한 법률' 제16조가 위헌인지 여부를 판단해달라는 위헌법률심판제청을 냈다.

37 ④

① **포퓰리즘**: 일반 대중의 인기에만 영합하여 목적을 달성하려는 정치 행태

② **로그롤링**: 정치세력들이 투표거래나 투표담합을 통해 상호지원을 하는 행위

③ **매니페스토**: 선거와 관련하여 이행 가능성을 가지고 구체적인 예산과 추진 일정을 갖춰 제시하는 공약

38 ①

고구려 19대 왕인 광개토대왕의 재위 시 칭호는 영락대왕(永樂大王)이었는데, '영락'은 한국에서 사용된 최초의 연호로 알려져 있다.

39 ②

밤을 새는 긴 촬영 이후 짧은 휴식 밖에 취하지 못하고 다시 촬영을 재개하는 열악한 노동 환경을 한 화면이 사라짐과 동시에 다른 화면이 나타나는 장면 전환 기법인 '디졸브'에 빗대에 이르는 말이다.

40 ④

KTX는 2004년 4월 1일 개통되었다. 우리나라는 일본, 프랑스, 독일, 스페인에 이어 세계에서 5번째로 고속철도가 개통된 나라이다.

1 ④

정용기 선생은 지문에서 언급된 '산남의진'의 대장으로 활동함은 물론, '영천군 국채보상단연회'의 회장으로 취임하여 영천지역의 국채보상운동을 이끌었다. 1907년 4월, 다시 의병부대를 결성하여 영천·청송 등지에서 일본군과 전투를 벌이다가 1907년 9월 포항 죽장면 입암전투에서 전사하였다. 정부은 이 공을 기리어 1962년 건국훈장 독립장을 추서했으며, 국가보훈처는 광복회, 독립기념관과 공동으로 2020년 1월의 독립운동가로 선정하였다.

2 ④

④ 법제적으로 양인도 과거시험에 응시하는 것이 가능하였다.

3 ④

① 바이러스에 의해 발생하는 돼지 전염병이다.
② 치료제나 백신이 없어 급성형의 경우 치사율이 최대 100%에 이른다.
③ 사람은 감염되지 않고, 돼지과에 속하는 동물만 감염된다.

4 ②

신종 인플루엔자 A(H1N1)는 H1N1 또는 약칭하여 신종플루라고 한다.
② 돼지독감 바이러스에 의해 발생한다.

5 ④

옴니채널(omni-channel) … '모든 것, 모든 방식' 등을 뜻하는 접두사 '옴니(omni)'와 유통경로를 뜻하는 '채널(channel)'이 합쳐진 신조어로 각 유통 채널의 특성을 결합해 어떤 채널에서든 같은 매장을 이용하는 것처럼 느낄 수 있도록 한 쇼핑 환경을 말한다.

① 쇼루밍(showrooming) : 매장에서 제품을 살펴본 뒤 실제 구매는 온라인 사이트 등 다른 유통 경로로 저렴한 가격에 하는 것처럼 오프라인 매장이 온라인 쇼핑몰의 전시장(showroom)으로 변하는 현상을 말한다.
② 클러스터 : 산업집적지를 뜻하는 용어로 유사 업종에서 다른 기능을 수행하는 기업, 기관들이 한 곳에 모여 있는 것을 말한다.
③ 셀렉트숍 : 한 매장에 2개 이상의 브랜드 제품을 모아 판매하는 유통 형태로 멀티숍 또는 편집숍이라고 한다.

6 ②

'섣달'은 음력으로 한 해의 맨 끝 달을 말하며, '그믐'은 '음력으로 그달의 마지막 날'을 말한다. 따라서 음력으로 한 해의 마지막 날을 일컫는 용어는 '섣달그믐'으로 쓴다.

7 ③

'기인제도'는 지방의 호족 자제를 인질로 상격을 숙위하게 하는 제도이며, '사심관제도'는 개경에 거주하면서 출신지방의 고문을 맡는 것으로 두 제도 모두 호족을 견제하는 태조의 정책이다.
① 인조 ② 예종 ④ 충선왕 ⑤ 공양왕

8 ④

①②③는 조금씩 의미는 다르지만 모두 다른 사람과 어울리지 않고 혼자서 생활하는 것에 초점이 맞춰진 용어이다.
④ 그루밍족은 패션과 미용 등 외모에 아낌없이 투자하는 남자들을 일컫는 신조어이다.

9 ④

④ 2016년부터 공공·민간 부문 근로자의 '정년 60세' 의무화 조치가 사업장 규모에 따라 단계적으로 시행되었다. 계속고용제도는 정년을 넘은 고령 인구를 계속고용하면 국가에서 일정 금액을 지원해 주는 제도를 말한다.

10 ②

인사로 하는 말 또는 인사를 차려 하는 말을 이르는 '인사말'의 표준 발음은 [인사말]이므로 사이시옷을 받쳐 적지 않는다.

11 ④

『노인과 바다』에서 노인이 잡으려고 했던 물고기는 1,500파운드를 넘을 듯 보이는 거대한 녹새치였다. 노인은 사투 끝에 녹새치를 잡았지만 상어 떼를 만나 녹새치는 결국 뼈만 남게 된다.

12 ③

얼리힐링(early heailing)은 영어로 '이르다'는 뜻의 'early'와 '치료'를 뜻하는 'healing'을 결합한 신조어로, 사회·경제적 불안에 지친 30대가 중년이 되기 전부터 사회적 성공을 추구하기 보다는 자신만이 행복을 찾아 나서는 것을 말한다.
③ 30대를 마음껏 즐기자는 얼리힐링족들의 마음은 결혼 시기를 늦추는 원인이 된다.

13 ②

'독립신문'은 서재필이 1896년에 창간한 한국 최초의 민간신문이다.
① 제국신문 : 1989년에 창간된 순한글 신문
③ 황성신문 : 1898년 남궁억 등에 의하여 발행된 국한문 혼용신문
④ 대한매일신보 : 1904년 영국인 베델이 양기탁등 민족진영 인사들의 도움을 받아 창간

14 ②

2020년 2월 발사 예정인 천리안위성 2B호에 대한 설명이다. 천리안위성 2B호는 한반도 및 동아시아 지역의 미세먼지 등 대기환경과 한반도 주변의 적조·녹조 등 해양환경을 관측하기 위한 위성으로, 세계 최초의 정지궤도 환경탑재체와 함께 천리안위성 1호에 비해 대폭 성능이 향상된 해양탑재체를 장착하고 있다.

15 ③

취득시효에 대비되는 개념으로 권리자가 권리행사를 할 수 있음에도 일정기간 동안 권리를 행사하지 않는 경우 그 권리가 실효되는 제도를 말한다.

16 ③

모디슈머(modisumer)란 '수정하다(modify)'와 '소비자(consumer)'가 결합한 신조어로, 기존의 상품을 그대로 사용하지 않고 자신만의 아이디어로 다른 무언가와 결합해 새로운 것을 재창조하는 소비자들을 일컫는다.
① 메디슈머 : 메디컬(medical) + 소비자(consumer)
② 프로슈머 : 생산자(producer) + 소비자(consumer)
④ 보테슈머 : 아름다움(beauty) + 소비자(consumer)

17 ①

채무자가 공사채나 은행 융자, 외채 등의 원리금 상환 만기일에 지불 채무를 이행할 수 없는 상태. 채무자가 민간 기업인 경우에는 경영 부진이나 도산 따위가 원인이 될 수 있으며, 채무자가 국가인 경우에는 전쟁, 혁명, 내란, 외화 준비의 고갈에 의한 지급 불능 따위가 그 원인이 된다.

18 ③

'보통의'라는 뜻의 'normal'과 '반하다'는 의미의 'crush'가 결합된 신조어로, 자극적이고 화려한 것들에 질린 젊은 세대들이 소소하고 평범한 것에 눈을 돌리며 일상의 매력적인 것에서 위안을 찾고 열광하는 현상을 말한다.

19 ④

지문은 1893년 동학교도가 신앙의 자유를 얻기 위해 척왜양을 내걸고 충청북도 보은에서 개최한 집회이다. 이 집회를 계기로 동학이 종교적 성격을 넘어 사회 개혁적 성격을 지니게 되었다.

20 ④

2019년 세계경제포럼(WEF)에서는 4차 산업혁명 시대를 맞아 다차원적인 변화에 대응하기 위해 필요한 새로운 국제 협력의 대안으로 세계화 4.0을 제시하였다. 세계화 4.0에는 글로벌 위기를 타개하기 위한 새로운 글로벌 협력 체계를 구축하고자 하는 의도가 내포되어 있다.

21 ①

펭귄 효과 … 상품에 대한 구매 확신이 없어 구매하지 않다가 남들이 구매하면 자신도 자극받아 덩달아 구매하는 현상을 말한다.

22 ③

온디맨드(On-Demand)란, 주로 모바일 기술 및 IT 인프라를 통해 소비자의 수요에 즉각적으로 대응할 수 있는 제품 및 서비스를 제공하는 것을 말한다.

23 ③

토지제도의 개혁에 관한 내용은 동학농민운동의 폐정 개혁안 12조의 내용이다. 갑오개혁은 개화파인사들과 농민층의 개혁의지가 일부 반영되어 있으나, 토지제도 개혁의 내용이 없다는 점이 한계이다.

24 ③

그리니치 천문대는 영국 런던 교외에 소재하고 있다.

25 ②

하우스 푸어(House Poor) … 서울과 수도권을 중심으로 무리하게 대출을 받아 집을 장만했기 때문에 내 집은 있으나 대출이자와 원금에 허덕이며 힘겹게 살고 있는 사람들을 말한다. 심지어 집값이 떨어지면서 매매가보다 낮은 가격으로 내놓아도 거래가 되지 않는 상황에 이르는 경우도 있다.

26 ③

영국의 윔블던 테니스 대회에서 개최국인 영국의 선수가 우승하지 못하고 매번 외국선수들이 우승 트로피를 가져가는 상황을 빗대어 만든 경제용어이다.
① **디드로 효과** : 하나의 상품을 구입함으로써 연관된 제품을 연속적으로 구입하게 되는 현상
② **메기 효과** : 막강한 경쟁자의 존재가 다른 경쟁자들의 잠재력을 끌어올리는 효과
④ **스놉 효과** : 특정 상품에 대한 소비가 증가하면 그에 대한 수요가 줄어드는 소비 현상

27 ③

모니터와 프린터는 출력장치이다.

28 ④

SNS 피로증후군은 과다한 SNS 이용 때문에 발생하는 피로감을 일컫는 용어로, 1996년 신경과학자 데이비드 루이스 박사에 의해 처음 제시된 정보피로증후군의 한 사례에 해당한다.

29 ②

② 솔직이 → 솔직히

30 ②

핀셋처럼 해당 대상만을 콕 찝어 마케팅한다는 점에서 유래하였다.

① 언택트 마케팅 : 고객과 직접 마주하지 않고 서비스와 상품 등을 판매하는 비대면 마케팅
③ 리테일 마케팅 : 매장 내에서 직접적으로 판매를 활성화하기 위한 마케팅 기법
④ 마이크로 마케팅 : 소비자의 인구통계적 속성과 라이프스타일에 관한 정보를 활용하여 소비자의 욕구를 최대한 충족시키는 마케팅 전략

31 ③

문은 의천에 대한 내용이다. 의천은 선종을 통합하기 위하여 국청사를 창건하여 천태종을 창시하였다.

① 정혜쌍수를 바탕으로 철저한 수행을 선도한 것은 지눌이다.
② 유불일치설을 주장한 것은 지눌의 제자인 혜심이다.
④ 의상의 화엄사상에 관한 내용이다.

32 ③

프로보노(Probono) … 라틴어 'Pro Bono Publico'의 줄임말로서 '정의를 위하여'라는 뜻이다. 지식이나 서비스 등을 대가없이 사회 공익을 위하여 제공하는 활동을 말한다.

33 ④

4대 보험은 국민연금, 건강보험, 고용보험, 산재보험을 말한다.

34 ②

6조 직계제는 6조에서 논의한 것이 국왕에게 직접 전달되도록 하는 체제로 의정부 서사제와 대립되는 체제이다. 태종과 세조는 6조 직계제를 통해 왕권을 강화하였다.

① 사간원의 독립 : 태종
③ 집현전 설치 : 세종
④ 의정부 서사제 : 세종

35 ②

번아웃 증후군 … 지나치게 업무에 집중하던 사람이 어느 순간 연료가 다 타버린 듯 무기력해지며 심신이 탈진하는 상태를 의미한다. 과도한 피로와 스트레스 누적으로 인해 발생하는 것으로 'burn out'의 어원 그대로 '타버리다, 소진되다'는 뜻을 내포한다.

① 심열(心熱) : 한의학에서 울화 때문에 생기는 열을 가리킨다. 지속적인 스트레스, 정서적 불안정과 장기 기능의 균형이 무너지게 되면 심열이 생기게 된다.
③ 일반 적응 증후군 : 신체가 스트레스를 받는 상황에서 자신을 방어하려는 일반적인 시도가 나타난다는 것을 뜻하는 용어이다.
④ 대사증후군 : 고혈당, 고혈압, 고지혈증, 비만, 죽상 경화증 등의 여러 질환이 한 개인에게서 한꺼번에 나타나는 상태를 말한다.

36 ①

세계 3대 신용평가기관은 미국의 스탠더드 앤드 푸어스, 무디스, 영국의 피치이다. 이들은 세계를 대상으로 채무상환능력 등을 종합평가해 국가별 등급을 발표하고 있다. 신용등급은 일반적으로 투자적격에 대해 10단계로 구분되는데 표기방식은 평가기관에 따라 조금씩 다르다.

37 ④

④ 배송용 포장재 문제를 해소하기 위해 정기적으로 같은 곳에 배송되는 경우 당일 배송되어 위생문제가 없는 범위에서 2022년까지 스티로폼 상자 대신 재사용 상자를 이용, 회수 · 재사용하는 사업을 추진한다.

38 ④

㉠ 조선시대와 달리 고려시대의 삼사는 화폐와 곡식의 출납을 담당한 기관이다. 간쟁 · 봉박 · 서경권을 행사한 조직은 어사대 관원과 중서문하성의 낭사로 구성된 대간이다.
㉢ 본 지문에서 설명하고 있는 기구는 도병마사이다.

39 ④

악마의 변호인은 의도적으로 반대 입장을 취하면서 선의의 비판자 역할을 하는 사람으로 데블스 에드버킷(devil's advocate)이라고도 한다.

40 ③

외로운 늑대(Lone Wolf) … 특정 조직이나 이념이 아니라 정부에 대한 개인적 반감을 이유로 스스로 행동에 나서는 특징을 가지고 있고 전문 테러 단체 조직원이 아닌 자생적 테러리스트를 이르는 말

① 악시옹 디렉트 : 프랑스의 비밀 테러리스트 단체
② 빛나는 길 : 페루 내전을 주도했던 페루 최대의 반정부 테러조직
④ 붉은 여단 : 1970년 결성된 이탈리아의 극좌파 테러 조직

1 ④

코즈 마케팅(Cause Marketing) … 기업의 대의명분(Cause)과 마케팅이 전략적으로 결합한다는 의미로 '코즈 연계 마케팅(Cause Related Marketing)'이라고도 한다. 우리나라에서는 CJ제일제당이 생수 제품인 '미네워터'를 구매하는 소비자들이 제품에 따로 마련된 기부용 바코드나 QR코드를 찍으면 아프리카 어린이들이 마시는 물을 정화하기 위한 작업에 드는 비용으로 100원을 기부하게 하는 사례가 있다.

2 ①

C세대 … 접속(Connection), 창조(Creation), 커뮤니티(Community), 큐레이션(Curation) 네 단어에 공통적으로 들어가는 앞 글자 C를 딴 세대로, 2006년 구글 연구진이 처음 고안한 개념이다. 구글은 네 가지 C를 즐기는 세대들이 스마트폰, 태블릿PC 등과 같은 모바일 기기를 이용해 유튜브에 거주할 것이라고 말했다.
② T세대 : 터치 세대, 터치스크린 세대라고도 하는데 태어나면서부터 터치 기기에 익숙한 세대를 일컫는 말이다.
③ BYOD족 : BYOD(Bring Your Own Device)는 태블릿, 노트북, 스마트폰 등과 같은 디지털 기기를 지참하라는 의미로, 자신이 구매한 모바일 기기로 회사 업무를 처리하는 사람들을 말한다.
④ @세대 : 인터넷 e-메일주소에 쓰인 @을 이용하여 만든 용어로, 첨단 정보산업시대에 뉴미디어의 사용이 일상화가 되어 버린 세대를 가리키며 1990년대 말에서 2000년대 초에 생겨난 말이다.

3 ③

『기생충』은 『옥자』, 『설국열차』 등의 영화를 감독한 봉준호의 2019년 작품이다. 2020년 아카데미 시상식 작품상 등에 후보로 오르며 전 세계적으로 주목받고 있다.

4 ③

2019년 11월 22일 카카오뱅크 최대주주가 한국투자금융지주에서 카카오로 바뀌면서, 카카오뱅크는 국내 최초로 산업자본(비금융주력자)이 1대 주주로 올라선 은행이 되었다.

5 ②

뮌하우젠 증후군 … 평소 거짓말하기를 좋아했던 독일인 뮌하우젠의 이야기를 각색한 모험소설 「말썽꾸러기 뮌하우젠 남작의 모험」에서 미국의 정신과의사인 아셔(Richard Asher)가 따와 이름 붙인 것이다. 실제적인 증상은 없어도 병이 있는 것처럼 가장하여 이른바 병원을 찾아가는 증상이다.

6 ③

셀피(selfie) … 우리나라에서 흔히 쓰이는 표현인 '셀카(셀프 카메라)'와 같은 뜻이다. 셀피는 전 세계적으로 널리 보급된 스마트폰을 통해 자기 자신을 찍는 일이 일상화되면서 SNS 상에서 널리 사용되는 용어가 되었다.
① 덕페이스(Duck face) : 셀카를 찍으며 입술을 쭉 내미는 표정이 흡사 오리와 같다고 하여 오리얼굴(Duckface)이라고 하며 옥스퍼드 영어사전 온라인판에 등재된 신조어이다.
② 셀카 : 자신의 모습을 스스로 촬영하는 행위를 이르는 말로, 디지털 카메라의 보급과 함께 유행하기 시작했다. 영어의 한국식 표현인 '셀프 카메라(self camera)'의 줄임말이다.
④ 셀피티스(Selfitis) : 셀프카메라를 찍어 SNS에 게시하는 것을 통해 자존감을 회복하고 타인과의 친밀감을 높이려는 현상을 말한다.

7 ①

제시된 사료는 공납 징수 과정에서 발생한 방납의 폐단에 대해 비판한 글이다. 방납의 폐단을 개혁하기 위해 광해군은 대동법을 경기 일부 지역에 실시하였고 숙종 때 함경도와 평안도를 제외한 전국에 확대되었다.

8 ③

① **포퓰리즘** : 일반 대중의 인기에만 영합하여 목적을 달성하려는 정치 행태
② **로그롤링** : 정치세력들이 투표거래나 투표담합을 통해 상호지원을 하는 행위
④ **포크배럴** : 특정 지역구를 위한 선심성 사업 혹은 정치자금 후원자를 위한 낭비성 사업

9 ①

경기 침체나 위기가 끝나갈 쯤 입구전략을 끝내고, 물가의 급격한 상승을 동반한 인플레이션과 같은 부작용을 막기 위해 시장에 공급된 통화를 거둬들이고, 금리를 올리며, 세제 감면 혜택을 줄이고, 정부의 적자 예산을 흑자 예산으로 바꾸는 등의 조치를 펴게 되는데, 이를 출구전략이라고 한다.

10 ②

대한민국 해군 청해부대는 아덴만 여명작전에 투입되어 5시간 만에 선원 21명과 선박을 모두 안전하게 구출했다.

① **자이툰부대** : 2004년 평화 재건을 목적으로 이라크 아르빌 주에 파병된 한국군 부대
③ **상록수부대** : 동티모르에 파견된 한국의 평화유지활동 부대
④ **다산부대** : 다국적군을 통한 국제평화유지활동 차원에서 아프가니스탄에 파병된 부대

11 ④

유리천장은 소수민족 출신이나 여성들이 고위 경영자가 상위 관리직으로 올라가는 것을 막는 무형의 장벽을 말한다.

12 ①

베트남전에서 대량 살포된 고엽제에는 제초제를 만들 때 쓰는 다이옥신이 소량 포함되었는데 기형아 출산과 피부병, 암 유발 등 끔찍한 피해를 남겼다.

13 ④

베버리지 보고서의 5대 악은 궁핍(Want), 질병(Disease), 불결(Squalor), 무지(Ignorance), 나태(idleness)이다.

14 ④

사서(四書)에는 논어(論語), 대학(大學), 맹자(孟子), 중용(中庸)이 있고, 오경(五經)에는 시경(詩經), 서경(書經), 역경(易經), 춘추(春秋), 예기(禮記)가 있다.

15 ④

HACCP은 위해요소분석(Hazard Analysis)과 중요관리점(Critical Control Point)의 영문 약자로 해썹 또는 식품안전관리인증기준이라 한다.

16 ③

① **首丘初心(수구초심)** : 여우가 죽을 때 제가 살던 굴이 있는 언덕 쪽으로 머리를 둔다는 뜻으로, 고향을 그리워하는 마음을 이르는 말
② **馬耳東風(마이동풍)** : 말의 귀에 동풍이 불어도 말은 아랑곳하지 않는다는 뜻으로, '남의 말에 귀 기울이지 않고 그냥 지나쳐 흘려버림'을 이르는 말
④ **刻舟求劍(각주구검)** : 배의 밖으로 칼을 떨어뜨린 사람이 나중에 그 칼을 찾기 위해 배가 움직이는 것도 생각하지 아니하고 칼을 떨어뜨린 뱃전에다 표시를 하였다는 뜻에서, 시세시의 변천도 모르고 낡은 것만 고집하는 미련하고 어리석음을 비유적으로 이르는 말

17 ②

긍정 오류(false positive) … 스팸 필터를 피하는 방법이 점점 교묘해지면서 간혹 정상 이메일을 스팸으로 잘못 식별하여 차단하는 경우가 발생한다.

18 ③

제시된 내용은 블록체인에 대한 설명이다.

① 비트코인 : 디지털 단위인 '비트(bit)'와 '동전(coin)'의 합성어로, 온라인 가상화폐의 하나

② 프로시저 : 일반적인 어떤 행동을 수행하기 위한 일련의 작업순서

④ 가상화폐 : 지폐 또는 동전 등의 실물이 없이 컴퓨터 등에 정보 형태로 남아 온라인에서만 디지털 통화

19 ①

제시된 내용은 바카라에 대한 설명이다. 바카라는 딜러가 플레이어와 뱅커 카드를 바카라 룰에 의거하여 딜링한 후, 카드 숫자의 합을 비교하여 9에 가까운 쪽이 이기는 게임이다.

② 블랙잭 : 가장 많이 알려진 카드 게임으로 딜러와 플레이어 중 카드의 합이 21 또는 21에 가장 가까운 숫자를 가지는 쪽이 이기는 게임이다. 일명 21(Twenty One)이라고도 한다.

③ 다이사이 : 플레이어가 베팅한 숫자 혹은 숫자의 조합이 Shaker(주사위 용기)로 흔들어 결정된 3개의 주사위 합과 일치하면 정해진 배당률에 의해 배당금이 지급되는 게임이다.

④ 룰렛 : 딜러가 숫자가 표시된 휠(Wheel)을 회전시킨 후, 그 반대 방향으로 볼을 회전시켜 볼이 낙착되는 숫자에 베팅한 플레이어에게 정해진 액수를 지급하는 게임이다.

20 ③

① 리플리 증후군 : 현실 세계를 부정하고 자신이 만든 허구의 세계를 진실로 믿으며 상습적으로 거짓된 말과 행동을 일삼는 인격 장애

② 스톡홀름 증후군 : 인질이 인질범들에게 동화되어 그들에게 동조하는 비이성적 현상

④ 살리에리 증후군 : 천재성을 가진 주변의 뛰어난 인물로 인해 질투와 시기, 열등감을 느끼는 증상

21 ①

쿼드러플 위칭데이 … 주가지수선물, 주가지수옵션, 개별주식옵션의 3가지 파생상품 시장의 만기일이 동시에 겹치는 날인 트리플 위칭데이에 2002년 말부터 거래되기 시작한 개별주식선물이 합세하면서 쿼드러플 위칭데이로 일컫는다.

22 ④

벌처펀드는 부실기업을 저가로 인수해 인원정리, 부동산매각, 유상증자 등의 구조조정을 통해 자산구조를 개선한 후에 고가로 되팔아 수익을 내는 것으로 1980년대 미국 금융 위기 과정에서 출현해 선진국에서는 보편화되었다.

23 ②

한국 최초의 근대신문인 『한성순보』가 정부에서 발간한 신문으로 한문으로만 기사를 썼다면 『독립신문』은 한글전용으로 민중을 위해 읽기 쉬운 신문을 만들었다는 점에서 획기적이었다.

24 ④

① 노멀크러시 : Normal(보통의) + Crush(반하다)의 합성어로, 화려하고 자극적인 것에 질린 20대가 보통의 존재에 눈을 돌리게 된 현상을 설명하는 신조어이다.

② 소확행 : 작지만 확실한 행복의 줄임말로, 무라카미 하루키는 그의 수필에서 소확행을 '갓 구운 빵을 손으로 찢어 먹는 것, 서랍 안에 반듯하게 접어 넣은 속옷이 잔뜩 쌓여 있는 것, 새로 산 정결한 면 냄새가 풍기는 하얀 셔츠를 머리에서부터 뒤집어 쓸 때의 기분…'이라고 정의했다.

③ 킨포크 라이프 : 미국 포틀랜드의 라이프스타일 잡지 「킨포크(KINFOLK)」의 영향을 받아 자연친화적이고 건강한 삶을 추구하는 현상을 말한다.

25 ①

프리코노믹스는 'free(공짜)'와 'economics(경제)'가 단어가 결합된 합성어로 『롱테일 경제학(The Long Tail)』의 저자인 Chris Anderson에 의해서 처음으로 소개되었다. 과거에는 유료였던 상품이나 서비스를 무료로 제공하면서 시장의 관심과 많은 사용자 기반을 확보해 새로운 이익 창출의 기반으로 삼는 것이 프리코노믹스의 개념이라고 할 수 있다.

26 ②

① 방 안의 코끼리 : 누구나가 잘못되었다는 것을 알고 있으면서도 먼저 그 말을 꺼내서 불러오게 될 위험이 두려워 아무도 먼저 말하지 않는 커다란 문제

③ 회색코뿔소 : 지속적인 경고로 충분히 예상할 수 있지만 쉽게 간과하는 위험 요인

④ 검은 백조(블랙스완) : 도저히 일어날 것 같지 않지만 만약 발생할 경우 시장에 엄청난 충격을 몰고 오는 사건

27 ①

이순(耳順)은 60살을 달리 이르는 말로 공자가 60살부터는 생각하는 것이 원만하여 어떤 일을 들으면 곧 이해가 된다고 한 데서 나온 말이다.

28 ④

① 초콜렛 → 초콜릿
② 컨셉 → 콘셉트
③ 악세사리 → 액세서리

29 ①

헥셔-올린 정리(Heckscher-Ohlin theorem)란 각국은 자국에 상대적으로 풍부한 부존요소를 집약적으로 사용하는 재화생산에 비교우위가 있다는 것이다. 즉, 노동풍부국은 노동집약재에 비교우위가 있고 자본풍부국은 자본집약재 생산에 비교우위가 있다.

30 ③

소니 픽처스 엔터테인먼트(Sony Pictures Entertainment, Inc.)는 일본의 소니가 1987년 미국에 설립한 소니 엔터테인먼트 부문의 자회사이자 다국적 미디어 지주회사다.

31 ②

① 프로폴리스는 꿀벌이 나무의 싹이나 수액과 같은 식물로부터 수집하는 수지질의 혼합물이다.
③ 졸레틸은 동물 마취제이다.
④ 필로폰은 마약의 일종인 향정신성 물질로 히로뽕으로도 불린다.

32 ①

다음 그림은 조선 후기 화가인 겸재 정선의 '인왕재색도'이다.
① 조선 후기에는 서얼의 소청운동이 받아들여져 중앙관직진출이 허용되었다.

33 ②

메러디스 벨빈은 영국 헨리 경영대에서 팀 역할 이론을 연구하기 위해 다양한 집단을 만들어 그 성과를 평가했다. 그의 연구팀은 두뇌가 명석한 이들로만 구성된 집단을 만들어 '아폴로 팀'이라 이름붙이고 뛰어난 성과를 기대했다. 하지만 아폴로 팀은 극히 낮은 수준의 성과를 보였는데, 연구자들은 그 이유가 아폴로 팀의 팀장이 팀원들의 행동을 촉발하는 추진자형 리더인 경우가 많았고 특히 의심과 회의가 많은 반면 지배욕이 약간 낮고 현실적인 문제보다 근본적인 문제에 더 관심을 기울였기 때문에 성과보다는 논쟁으로 이어지게 했다고 말했다. 이에 벨빈은 "아폴로 우주선을 만드는 일과 같이 어렵고 복잡한 일일수록 명석한 두뇌를 가진 인재들이 필요하다. 하지만 일상생활과 같은 실제 사례에서는 뛰어난 자들만이 모인 조직은 정치 역학적인 위험을 갖고 있다."고 밝혔다.

34 ②

퍼펙트스톰 … 세계경제가 미국의 재정위기, 중국의 경제성장 둔화, 유럽의 채무 재조정, 일본의 스테그네이션 등이 결합되어 퍼펙트스톰을 맞게 될 가능성이 크다고 전문가들은 경고하고 있다.

① **재정절벽** : 세금감면 혜택 종료와 정부지출 삭감정책이 동시에 실시되면서 경기가 급격히 위축되는 현상으로 재정절벽이 지속되면 경제 위기를 초래할 수 있다.

③ **스테그네이션(stagnation)** : 사전적 의미 그대로 경제적 정체 현상을 말한다. 경제가 성장하지 않고 정체한 상태로 경제성장률 2~3% 이하로 떨어져 있는 상태를 나타낸다.

④ **서브프라임모기지** : 신용등급이 낮은 저소득층에게 주택 자금을 빌려 주는 미국의 주택담보대출 상품으로, 우리말로는 비우량주택담보대출이라 한다.

35 ③

TRQ(Tariff Rate Quotas) … 특정 품목에 대해 물량을 설정하고 해당 물량에는 낮은 관세로 수입을 허용하는 것을 말한다. 저율관세할당이라고도 한다.

36 ④

정약용에 대한 설명이다.

④ 반계수록은 유형원이 통치제도에 관한 개혁안을 중심으로 저술한 책이다.

37 ③

어린이보호구역은 교통사고의 위험으로부터 어린이를 보호하기 위하여 지정된 구역으로 유치원, 초등학교, 어린이집 등의 주 출입문을 중심으로 반경 300m 이내의 도로에서 자동차 등의 통행속도를 시속 30km 이내로 제한할 수 있다.

38 ③

가상 현실(Virtual Reality)이 이미지, 주변 배경, 객체 모두를 가상의 이미지로 만들어 보여 주는 반면, 증강 현실(Augmented Reality)은 사용자의 현실 세계에 추가되는 정보만 가상으로 만들어 보여준다.

39 ①

사물놀이는 꽹과리, 장구, 징, 북을 치며 노는 민속놀이로 꽹과리는 별, 장구는 인간, 북은 달, 징은 해에 해당한다.

40 ②

호경기에는 소비재의 수요 증가로 인하여 상품의 가격이 상승하게 되는데, 이때 가격 상승의 폭이 노동자의 임금 상승의 폭보다 커서 노동자의 임금이 상대적으로 저렴해진다. 이러한 경우 기업은 기계를 대신하여 노동력을 사용하려는 경향이 발생하게 되는데 이를 리카도 효과라고 한다.

서 원 각
www.goseowon.com

전라남도 지방공공기관 직원 통합 채용시험

성명

수험번호

⑨	⑨	⑨	⑨	⑨	⑨	⑨	⑨
⑧	⑧	⑧	⑧	⑧	⑧	⑧	⑧
⑦	⑦	⑦	⑦	⑦	⑦	⑦	⑦
⑥	⑥	⑥	⑥	⑥	⑥	⑥	⑥
⑤	⑤	⑤	⑤	⑤	⑤	⑤	⑤
④	④	④	④	④	④	④	④
③	③	③	③	③	③	③	③
②	②	②	②	②	②	②	②
①	①	①	①	①	①	①	①
⓪	⓪	⓪	⓪	⓪	⓪	⓪	⓪

번호	답	번호	답	번호	답
1	① ② ③ ④	21	① ② ③ ④		
2	① ② ③ ④	22	① ② ③ ④		
3	① ② ③ ④	23	① ② ③ ④		
4	① ② ③ ④	24	① ② ③ ④		
5	① ② ③ ④	25	① ② ③ ④		
6	① ② ③ ④	26	① ② ③ ④		
7	① ② ③ ④	27	① ② ③ ④		
8	① ② ③ ④	28	① ② ③ ④		
9	① ② ③ ④	29	① ② ③ ④		
10	① ② ③ ④	30	① ② ③ ④		
11	① ② ③ ④	31	① ② ③ ④		
12	① ② ③ ④	32	① ② ③ ④		
13	① ② ③ ④	33	① ② ③ ④		
14	① ② ③ ④	34	① ② ③ ④		
15	① ② ③ ④	35	① ② ③ ④		
16	① ② ③ ④	36	① ② ③ ④		
17	① ② ③ ④	37	① ② ③ ④		
18	① ② ③ ④	38	① ② ③ ④		
19	① ② ③ ④	39	① ② ③ ④		
20	① ② ③ ④	40	① ② ③ ④		

전라남도 지방공공기관 직원 통합 채용시험

성 명

수 험 번 호

⑨	⑨	⑨	⑨	⑨	⑨	⑨	⑨
⑧	⑧	⑧	⑧	⑧	⑧	⑧	⑧
⑦	⑦	⑦	⑦	⑦	⑦	⑦	⑦
⑥	⑥	⑥	⑥	⑥	⑥	⑥	⑥
⑤	⑤	⑤	⑤	⑤	⑤	⑤	⑤
④	④	④	④	④	④	④	④
③	③	③	③	③	③	③	③
②	②	②	②	②	②	②	②
①	①	①	①	①	①	①	①
⓪	⓪	⓪	⓪	⓪	⓪	⓪	⓪

1	① ② ③ ④	21	① ② ③ ④
2	① ② ③ ④	22	① ② ③ ④
3	① ② ③ ④	23	① ② ③ ④
4	① ② ③ ④	24	① ② ③ ④
5	① ② ③ ④	25	① ② ③ ④
6	① ② ③ ④	26	① ② ③ ④
7	① ② ③ ④	27	① ② ③ ④
8	① ② ③ ④	28	① ② ③ ④
9	① ② ③ ④	29	① ② ③ ④
10	① ② ③ ④	30	① ② ③ ④
11	① ② ③ ④	31	① ② ③ ④
12	① ② ③ ④	32	① ② ③ ④
13	① ② ③ ④	33	① ② ③ ④
14	① ② ③ ④	34	① ② ③ ④
15	① ② ③ ④	35	① ② ③ ④
16	① ② ③ ④	36	① ② ③ ④
17	① ② ③ ④	37	① ② ③ ④
18	① ② ③ ④	38	① ② ③ ④
19	① ② ③ ④	39	① ② ③ ④
20	① ② ③ ④	40	① ② ③ ④

전라남도 지방공공기관 직원 통합 채용시험

성명

수험번호

	⑩	①	②	③	④	⑤	⑥	⑦	⑧	⑨
	⑩	①	②	③	④	⑤	⑥	⑦	⑧	⑨
	⑩	①	②	③	④	⑤	⑥	⑦	⑧	⑨
	⑩	①	②	③	④	⑤	⑥	⑦	⑧	⑨
	⑩	①	②	③	④	⑤	⑥	⑦	⑧	⑨
	⑩	①	②	③	④	⑤	⑥	⑦	⑧	⑨
	⑩	①	②	③	④	⑤	⑥	⑦	⑧	⑨
	⑩	①	②	③	④	⑤	⑥	⑦	⑧	⑨

번호					번호				
1	①	②	③	④	21	①	②	③	④
2	①	②	③	④	22	①	②	③	④
3	①	②	③	④	23	①	②	③	④
4	①	②	③	④	24	①	②	③	④
5	①	②	③	④	25	①	②	③	④
6	①	②	③	④	26	①	②	③	④
7	①	②	③	④	27	①	②	③	④
8	①	②	③	④	28	①	②	③	④
9	①	②	③	④	29	①	②	③	④
10	①	②	③	④	30	①	②	③	④
11	①	②	③	④	31	①	②	③	④
12	①	②	③	④	32	①	②	③	④
13	①	②	③	④	33	①	②	③	④
14	①	②	③	④	34	①	②	③	④
15	①	②	③	④	35	①	②	③	④
16	①	②	③	④	36	①	②	③	④
17	①	②	③	④	37	①	②	③	④
18	①	②	③	④	38	①	②	③	④
19	①	②	③	④	39	①	②	③	④
20	①	②	③	④	40	①	②	③	④

전라남도 지방공공기관 직원 통합 채용시험

성 명

수 험 번 호

⓪	⓪	⓪	⓪	⓪	⓪	⓪	⓪	⓪
①	①	①	①	①	①	①	①	①
②	②	②	②	②	②	②	②	②
③	③	③	③	③	③	③	③	③
④	④	④	④	④	④	④	④	④
⑤	⑤	⑤	⑤	⑤	⑤	⑤	⑤	⑤
⑥	⑥	⑥	⑥	⑥	⑥	⑥	⑥	⑥
⑦	⑦	⑦	⑦	⑦	⑦	⑦	⑦	⑦
⑧	⑧	⑧	⑧	⑧	⑧	⑧	⑧	⑧
⑨	⑨	⑨	⑨	⑨	⑨	⑨	⑨	⑨

번호	답				번호	답			
1	①	②	③	④	21	①	②	③	④
2	①	②	③	④	22	①	②	③	④
3	①	②	③	④	23	①	②	③	④
4	①	②	③	④	24	①	②	③	④
5	①	②	③	④	25	①	②	③	④
6	①	②	③	④	26	①	②	③	④
7	①	②	③	④	27	①	②	③	④
8	①	②	③	④	28	①	②	③	④
9	①	②	③	④	29	①	②	③	④
10	①	②	③	④	30	①	②	③	④
11	①	②	③	④	31	①	②	③	④
12	①	②	③	④	32	①	②	③	④
13	①	②	③	④	33	①	②	③	④
14	①	②	③	④	34	①	②	③	④
15	①	②	③	④	35	①	②	③	④
16	①	②	③	④	36	①	②	③	④
17	①	②	③	④	37	①	②	③	④
18	①	②	③	④	38	①	②	③	④
19	①	②	③	④	39	①	②	③	④
20	①	②	③	④	40	①	②	③	④

전라남도 지방공공기관 직원 통합 채용시험

성 명

수 험 번 호

	⓪	①	②	③	④	⑤	⑥	⑦	⑧	⑨
	⓪	①	②	③	④	⑤	⑥	⑦	⑧	⑨
	⓪	①	②	③	④	⑤	⑥	⑦	⑧	⑨
	⓪	①	②	③	④	⑤	⑥	⑦	⑧	⑨
	⓪	①	②	③	④	⑤	⑥	⑦	⑧	⑨
	⓪	①	②	③	④	⑤	⑥	⑦	⑧	⑨
	⓪	①	②	③	④	⑤	⑥	⑦	⑧	⑨
	⓪	①	②	③	④	⑤	⑥	⑦	⑧	⑨

번호	①	②	③	④	번호	①	②	③	④
1	①	②	③	④	21	①	②	③	④
2	①	②	③	④	22	①	②	③	④
3	①	②	③	④	23	①	②	③	④
4	①	②	③	④	24	①	②	③	④
5	①	②	③	④	25	①	②	③	④
6	①	②	③	④	26	①	②	③	④
7	①	②	③	④	27	①	②	③	④
8	①	②	③	④	28	①	②	③	④
9	①	②	③	④	29	①	②	③	④
10	①	②	③	④	30	①	②	③	④
11	①	②	③	④	31	①	②	③	④
12	①	②	③	④	32	①	②	③	④
13	①	②	③	④	33	①	②	③	④
14	①	②	③	④	34	①	②	③	④
15	①	②	③	④	35	①	②	③	④
16	①	②	③	④	36	①	②	③	④
17	①	②	③	④	37	①	②	③	④
18	①	②	③	④	38	①	②	③	④
19	①	②	③	④	39	①	②	③	④
20	①	②	③	④	40	①	②	③	④